KB203648

살고 싶어서
기도합니다

살고 싶어서 기도합니다

펴 낸 날   2021년 12월 10일

저   자   노 태 훈
펴 낸 이   허 복 만
펴 낸 곳   야 스 미 디 어

편 집 기 획   나 인 북
표지디자인   디자인 일그램
등 록 번 호   제10-2569호

주   소   서울 영등포구 양산로 193 남양빌딩 310호
전   화   02-3143-6651
팩   스   02-3143-6652
이 메 일   yasmediaa@daum.net
I S B N   978-89-91105-98-0 (03230)

정가 15,000원

살고 싶어서
기도합니다

노태훈 지음

YAS 야스

사역을 하며 다양한 성도들을 볼 때 '믿음 좋은 성도'와 '공부 잘하는 학생'에게는 한 가지 공통점이 있는 것을 발견합니다. 동서고금을 막론하고 공부 잘하는 학생의 첫 번째 특징은 수업을 잘 듣는 것입니다. 두 번째 특징은 수업 외의 시간에 예습과 복습을 철저히 하며 수업에서 배운 지식을 내 것으로 만드는 시간을 갖습니다.

신앙생활도 마찬가지입니다. 믿음 좋은 성도는 설교 말씀을 잘 듣습니다. 왜냐하면, 믿음은 하나님의 말씀을 들을 때 생기기 때문입니다.

그러므로 믿음은 들음에서 나며 들음은 그리스도의 말씀으로 말미암았느니라 (롬10:17)

그런데 설교 말씀을 듣는 것만으로는 우리의 믿음이 온전해질 수 없습니다. 설교를 통해 심령에 심겨진 말씀이 삶 가운데 경험되고 열매 맺기 위해서는 믿음의 '예습과 복습'을 하는 시간을 충분히 가져야 합니다. 신앙생활의 예습과 복습은 바로 '기도' 입니다.

마음(밭)에 심겨진 말씀(씨앗)이 뿌리를 내리고 열매를 맺기 위해서 절대적으로 필요한 것이 '물'입니다. 심겨진 말씀에 물을 주는 작업이 바로 '기도'입니다. 아무리 설교 말씀을 잘 듣고 열심으로 교회 행사에 참여한다 할지라도 삶 가운데 시간을 거룩히 구별하여 나를 부인하고 하나님의 통치와 다스림을 받는 '기도' 생활이 없다면 그 사람의 신앙생활은 건강할 수가 없습니다.

또한, 기도는 하나님의 말씀(씨앗)이 심기고 뿌리 내리는 것을 방해하는 굳은 마음(땅)을 기경하는 일입니다. 아무리 좋은 씨앗을 뿌렸더라도 땅이 좋지 않다면 열매를 맺을 수 없습니다. 하지만 씨앗의 품종이 좋지 않더라도 밭이 좋다면 얼마든지 열매를 맺을 수 있습니다. 선포되는 말씀의 깊이와 상관없이 열매 맺는 믿음은 바로 내 마음 상태에 달려 있습니다.

…너희 묵은 땅을 기경하라… (호10:12)

수업을 듣는 시간 외에 스스로 공부하는 시간을 갖지 않는다면 그 학생의 성적은 어느 수준 이상으로 향상되지 못합니다. 수업을 듣는 시간보다 예습과 복습을 통해 자신의 부족함을 깨닫고 보충할 때 성적이 오르기 때문입니다.

믿음도 마찬가지입니다. 우리의 믿음이 성장하는 시간은 설교 말씀을 잘 듣는 것뿐만 아니라 삶 가운데 나의 연약함을 붙들고 기도하며 하나님을 인격적으로 알게 될 때입니다. 하나님을 아는 것이 기도를 통한 믿음의 예습 복습입니다.

너희는 여호와의 선하심을 맛보아 알지어다 그에게 피하는 자는 복이 있도다 (시34:8)

그러나 안타까운 것은 기도하는 성도들이 많지 않습니다. 열심히 교회 행사에 참석하고 예배를 드리지만 그들의 삶을 보면 생명력이 없습니다. 삶의 거룩한 구별과 순종 없이 세상 사람들과 별반 차이 없이 살아갑니다. 바로 기도하지 않기 때문에 삶으로 살아낼 믿음과 영적인 힘이 없는 것입니다.

교회에 수많은 행사와 프로그램이 있습니다. 교회의 부흥과 성도의 영적 성숙을 위해 여러 서비스를 제공하지만, 과연 교회에서 들인 힘과 시간 노력과 재정만큼 열매가 맺어지는지 의문입니다.

영혼이 살아나는 부흥은 프로그램이 아닌 기도를 통해 가능합니다. 기도라는 본질이 없기 때문에 행사라는 형식에 치우치는 것입니다. 행사와 프로그램이 사람들과 접촉점은 될 수 있어도 충분한 기도가 없다면 그것은 사람의 일이지 하나님의 일이 아닙니다.

시험에 들지 않게 깨어 기도하라 마음에는 원이로되 육신이 약하
도다 (마26:41)

저는 30대 초반의 젊은 전도사지만, 지난 10년이 넘는 시간
동안 약 3만 시간의 기도 생활을 해오면서 깨닫는 것은 신앙
생활은 '기도' 없이 불가능하다는 것입니다.

인간적인 노력으로 종교적인 열심은 얼마든지 낼 수 있지만,
성경이 말씀하고 있는 '영으로써 몸의 행실을 죽이며 하나님의
영에 인도받는 삶'은 '기도' 없이는 불가능합니다.

오직 기도를 통해 성령의 충만함을 경험하시길 바랍니다. 성령
의 충만함 가운데 악하고 음란한 세대에서 예수 그리스도의
생명의 빛을 밝히시길 바랍니다.

쳇바퀴 같은 인생의 굴레에서 벗어나 하늘의 풍성한 은혜를
누릴 수 있는 비결은 바로 기도입니다. 기도라는 채널을 통해

예수님께서 우리에게 주시고자 하셨던 풍성한 은혜를 누리시는
복된 인생 되시길 축복합니다.

목차 _____

03 기도로 임하는 부흥

04   기도로 승리하는 신앙생활

01
기도란 무엇인가?

기도에 응답하시는 하나님

차가운 어느 겨울이었습니다. 립밤을 모두 사용한 저는 한 가지 작은 고민에 빠졌습니다. 새로운 립밤을 살 것인지, 기도할 것인지 고민됐습니다. 얼마 하지 않는 립밤을 살 수도 있었지만, 왠지 기도하면 하나님께서 주실 것만 같았습니다. 무슨 이런 것을 가지고 기도하느냐고 생각할 수도 있지만 저는 진지했습니다. 왜냐하면, 살아계신 하나님을 경험할 수 있는 좋은 기회였기 때문입니다.

5,000원도 채 하지 않는 립밤을 구매할 돈은 제게도 충분히 있었지만, 그날따라 저는 기도하고 싶었습니다.

'하나님 립밤 주세요.'

며칠이 지났습니다. 저는 기도한 것도 잊고 있었습니다. 아르바이트 마감 청소를 하던 중 구석에서 립밤이 또르르 굴러와 제 발 앞에 '딱' 닿았습니다. 주인 없는 립밤이었는데, 제가 전에 쓰던 같은 브랜드의 새 제품이었습니다. 할렐루야! 굉장히 기뻤습니다. 립밤이 생겼다는 기쁨보다 하나님이 제 작은 기도를 들으시고 응답해 주신다는 사실에 감사했습니다.

여호와께서 내 간구를 들으셨음이여 여호와께서 내 기도를 받으시리로다 (시6:9)

성경은 하나님께서 살아계시고 우리의 기도에 응답하신다고 말씀하고 있습니다. 우리가 잘 알고 있는 '불의한 재판장'의 비유는 우리가 항상 기도하고 낙심하지 말아야 하는 이유에 대해 말씀해 주고 있습니다.

이르시되 어떤 도시에 하나님을 두려워하지 않고 사람을 무시하는 한 재판장이 있는데 그 도시에 한 과부가 있어 자주 그에게 가서 내 원수에 대한 나의 원한을 풀어 주소서 하되 그가 얼마 동안 듣지 아니하다가 후에 속으로 생각하되 내가 하나님을 두려워하지 않고 사람을 무시하나 이 과부가 나를 번거롭게 하니 내가 그 원한을 풀어 주리라 그렇지 않으면 늘 와서 나를 괴롭게 하리라 하였느니라 주께서 또 이르시되 불의한 재판장이 말한 것을 들으라 하물며 하나님께서 그 밤낮 부르짖는 택하신 자들의 원한을 풀어 주지 아니하시겠느냐 그들에게 오래 참으시겠느냐 (눅18:2-7)

우리가 위의 말씀을 읽을 때 간절히 오래 기도해야만 하나님께서 응답하신다고 이해하는 경향이 있습니다. 맞습니다. 우리는 기도 응답을 받을 때까지 인내하며 간절히 기도해야 합니다. 그러나 본문이 중점을 두는 것은 '인간의 간절함'이 아닌 '하나님의 신실하심'에 있습니다. 악하고 불의한 자라도 응답하는데 하물며 예수 그리스도의 핏 값으로 구원받은 하나님 자녀들의 기도를 하나님께서 응답하지 않으시겠느냐는 의미입니다. 또한, 성경은 아버지 되신 하나님께서 자녀인 우리에게 좋은 것을 주신다고 말씀하고 있습니다.

너희 중에 아버지 된 자로서 누가 아들이 생선을 달라 하는데 생선 대신에 뱀을 주며 알을 달라 하는데 전갈을 주겠느냐 너희가 악할지라도 좋은 것을 자식에게 줄 줄 알거든 하물며 너희 하늘 아버지께서 구하는 자에게 성령을 주시지 않겠느냐 하니니라 (눅11:11-13)

여기 악한 사람이 있습니다. 그러나 그는 자신의 인격과 신분에 상관없이 자녀에게는 좋은 것을 줄 줄 아는, 아들에게만큼은 좋은(?) 아버지입니다. 자녀의 요구에 몇 배는 더 좋은 것을 주고 싶은 것이 인지상정입니다. 본문에서도 동일하게 '하물며'

라는 단어가 나옵니다. 인간이 가지고 있는 인지상정을 강조하기 위해 성경은 악한 아버지를 등장시켰습니다. 그런데 우리를 구원하시기 위해 독생자 예수 그리스도를 죽이신 하나님 아버지께서 하물며 우리에게 좋은 것을 주시지 않겠느냐고 반문하고 있는 것입니다.

두 본문 모두 부정적인 사람을 등장시킨 후 하나님의 신실하심을 강조하며 하나님의 선하심을 드러내고 있습니다.

육신의 아버지도 자기의 능력 이상으로 자식에게 좋은 것을 주고 싶어 합니다. 이것이 하나님께서 인간을 창조하셨을 때 주신 부모의 본능입니다. 그렇다면 우리 하나님은 어떠하시겠습니까?

주를 두려워하는 자를 위하여 쌓아 두신 은혜 곧 주께 피하는 자를 위하여 인생 앞에 베푸신 은혜가 어찌 그리 큰지요 (시31:19)

성경은 주께 기도하고 피하는 자를 위해 쌓아 두신 은혜가 있다고 말씀하고 있습니다. 인간적인 노력과 행위가 아니라 예수 그리스도의 핏 값으로 구원받은 자녀 된 우리에게 주시고자 하는 하나님의 선물이 하늘에 쌓여 있다는 의미입니다. 하나님은 자녀에게 최고의 것을 주고 싶어 하시는 좋으신 아버지이십니다. 그래서 우리는 기도해야 합니다. 오직 기도를 통해 우리에게 주시는 하나님의 선물을 받을 수 있습니다.

누구에게 기도하는가?

이 세상에는 수많은 종교가 있고, 모든 종교인은 그들이 믿는 신에게 기도 합니다. 종교가 없는 사람도 위급한 일이 닥치거나 간절한 소원이 있을 때는 이름도 모르는 조상부터 시작하여 보이지 않는 신을 찾고 그들의 이름을 부르며 기도하곤 합니다. 왜냐하면, 모든 사람에게는 종교성이 있고 영원을 사모하는 마음이 있기 때문입니다. 현실의 문제에서 나를 구원할 전능자를 찾고 부르는 것이 인간의 본능입니다. 모든 사람이 다양한 형태지만 기도하는 궁극적인 이유는 현실의 문제에서 구원받고자 하는 갈망이 있기 때문입니다.

...또 사람들에게는 영원을 사모하는 마음을 주셨느니라 (전3:11)

...알지 못하는 신에게라고... (행17:23)

그러나 세상 사람들과 모든 종교가 드리는 기도는 하나님의 자녀인 우리가 드리는 기도와 본질적인 차이가 있습니다.

그들이 드리는 기도는 '알지 못하는 신'(우상)에게 드리는 헛된 기도입니다. 그러나 우리가 드리는 기도는 '세상을 창조하신 창조주'께 드리는 기도며 '창조주 하나님'께서는 우리의 '기도에 응답하실 능력'이 있습니다. 바로 '살아계심'과 '응답할 수 있는 능력'의 차이입니다.

우리는 엘리야 선지자의 기도를 통해 우상에게 드리는 기도가 얼마나 헛된 것인지 잘 알고 있습니다.

그런즉 사람을 보내 온 이스라엘과 이세벨의 상에서 먹는 바알의 선지자 사백오십 명과 아세라의 선지자 사백 명을 갈멜 산으로 모아 내게로 나아오게 하소서 아합이 이에 이스라엘의 모든 자손에게로 사람을 보내 선지자들을 갈멜 산으로 모으니라 엘리야가 모든 백성에게 가까이 나아가 이르되 너희가 어느 때까지 둘 사이에서 머뭇머뭇 하려느냐 여호와가 만일 하나님이면 그를 따르고 바알이 만일 하나님이면 그를 따를지니라 하니 백성이 말 한마디도 대답하지 아니하는지라 엘리야가 백성에게 이르되 여호와의 선지자는 나만 홀로 남았으나 바알의 선지자는 사백오십 명이로다 그런즉 송아지 둘을 우리에게 가져오게 하고 그들은 송아지 한 마리를 택하여 각을 떠서 나무 위에 놓고 불은 붙이지 말며 나도 송아지 한 마리를 잡아 나무 위에 놓고 불은 붙이지 않고 너희는 너희 신의 이름을 부르라 나는 여호와의 이름을 부르리니 이에 불로 응답하는 신 그가 하나님이니라 백성이 다 대답하되 그 말이 옳도다 하니라 엘리야가 바알의 선지자들에게 이르되 너희는 많으니 먼저 송아지 한 마리를 택하여 잡고 너희 신의 이름을 부르라 그러나 불을 붙이지 말라 그들이 받은 송아지를 가져다가 잡고 아침부터 낮까지 바알의 이름을 불러 이르되 바알이여 우리에게 응답하소서 하나 아무 소리도 없고 아무 응답하는 자도 없으므로 그들이 그 쌓은 제단 주위에서 뛰놀더라 정오에 이르러는 엘리야가 그들을 조롱하여 이르되 큰 소리로 부르라 그는 신인즉 묵상하고 있는지 혹은 그가 잠깐 나갔는지 혹은 그가 길을 행하는지 혹은 그가 잠이 들어서 깨워야 할 것인지 하매 이에 그들이 큰 소리로 부르고 그들의 규례를 따라 피가 흐르기까지 칼과 창으로 그들의 몸을 상하게 하더라 이같이 하여 정오가 지났고 그들이 미친 듯이 떠들어 저녁 소제 드릴 때까지 이르렀으나 아무 소리도 없고 응답하는 자나 돌아보는 자가 아무도 없더라 엘리야가 모든 백성을 향하여 이르되 내게로 가까이 오라 백성이 다 그에게 가까이 가매 그가 무너진 여호와의 제단을 수축하되 야곱의 아들들의 지파의 수효를 따라 엘리야가 돌 열두 개를 취하니 이 야곱은 옛적에 여호와의 말씀이 임하여 이르시기를 네 이름을 이스라엘이라 하리라 하신 자더라 그가 여호와의 이름을 의지하여 그 돌로 제단을 쌓고 제단을 돌아가며 곡식 종자 두 세아를 둘 만한 도랑을 만들고 또 나무를 벌이고 송아지의 각을 떠서 나무 위에 놓고 이르되 통 넷에 물을 채워다가 번제물과 나무 위에 부으라 하고 또 이르되 다시 그리하라 하여 다시 그리하니 또 이르되 세 번째로 그리하라 하여 세 번째로 그리하니 물이 제단으로 두루 흐르고 도랑에도 물이 가득 찼더라 저녁 소제 드릴 때에 이르러 선지자 엘리야가 나아가서 말하되 아브라함과 이삭과 이스라엘의 하나님 여호와여 주께서 이스라엘 중에서 하나님이신 것과 내가 주의 종인 것과 내가 주의 말씀대로 이 모든 일을 행하는 것을 오늘 알게 하옵소서 여호와여 내게 응답하옵소서 내게 응답하옵소서 이 백성에게 주 여호와는 하나님이신 것과 주는 그들의 마음을 되돌이키심을 알게 하옵소서 하매 이에 여호와의 불이 내려서 번제물과 나무와 돌과 흙을 태우고 또 도랑의 물을 핥은지라 모든 백성이 보고 엎드려 말하되 여호와 그는 하나님이시로다 여호와 그는 하나님이시로다 하니 (왕상18:19-39)

엘리야 선지자는 갈멜산에서 바알 선지자 450명, 아세라 선지자 400명과 능력 대결을 펼쳤습니다.

엘리야 선지자는 바알과 하나님 중 누가 참 '신'인지 백성에게 증명하려고 했습니다. 850명과 1명의 싸움입니다. 사람의 눈으로 보면 850명이 드리는 기도와 정성과 열심이 응답 될 것 같습니다. 그러나 기도 응답은 사람의 많고 적음에 달려 있지 않습니다. 우리의 기도를 들으시고 응답하실 수 있는 능력을 가진 분께 아뢰는 것이 기도의 핵심입니다. 바알 선지자들은 아침부터 낮까지 오랜 시간 기도하지만 어떠한 응답도 받지 못합니다. 엘리야 선지자의 조롱으로 자존심이 상한 그들은 더욱 큰 목소리로 자신의 의를 내세우며 기도하지만, 저녁까지 드린 기도에 바알은 응답하지 못합니다. 바알에겐 기도에 응답할 능력이 없기 때문입니다. 이것이 이방인들이 드리는 '중언부언' 기도입니다. 말을 많이 하고 오래 기도해야 그들의 신이 듣는다고 착각합니다. 하지만 이것은 자신의 마음을 만족시켜주는 사람의 의와 열심뿐이지 기도 응답과는 아무 상관이 없습니다.

30절부터 엘리야 선지자의 기도가 나옵니다. 엘리야 선지자는 제단 위의 송아지에게 물을 차고 넘치게 붓습니다. '불'로 응답하시는 이가 '여호와'라는 내기를 했는데 제단에 물을 붓는 행위는 참으로 이상합니다. 그러나 그의 행위를 통해 우리는 살아계신 하나님께서 응답하실 것이라는 확실한 믿음이 엘리야에게 있음을 알 수 있습니다. 이성과 현실의 문제를 초월하는 절대적인 믿음으로 드린 기도에 하나님은 기다리셨다는 듯이 바로 '불'로 응답하셨습니다. 엘리야의 믿음의 기도를 통해 하나님께서는 자신의 백성에게 하나님만이 참 신이라는 것을 증명하셨고 자신의 살아계심과 영광을 나타내 보이셨습니다.

우리의 기도는 응답하실 능력이 있으신 살아계신 창조주 하나님께 드리는 것입니다. 이방 종교가 드리는 '지성이면 감천' 인(믿음에 기초한 기도가 아닌, 자신의 의와 행위를 내세우는) 식으로 드리는 기도가 절대 아닙니다.

만약 우리의 기도가 향방 없이 허공을 치듯 드리는 기도라면 우리는 응답을 받을 수 없습니다. 왜냐하면, 기도를 듣는 대상이 없기 때문입니다.

기도는 내 정성과 노력으로 최선을 다해 응답을 구걸하는 것이 아닙니다. 살아계신 하나님께서 나의 아버지 되시며 우리의 기도를 들으시고 응답하신다는 확실한 믿음을 가지고 기도해야 합니다. 믿음의 기도만이 응답을 받을 수 있습니다.

믿음이 없이는 하나님을 기쁘시게 하지 못하나니 하나님께 나아가는 자는 반드시 그가 계신 것과 또한 그가 자기를 찾는 자들에게 상 주시는 이심을 믿어야 할지니라 (히11:6)

중학교 1학년 때의 일입니다. 교회를 다니지 않는 제게도 종교성이 있었습니다. 어린 저는 네 잎 클로버가 '행운'을 가져다준다고 믿어서 시험 보기 전에 늘 네잎 클로버를 붙잡고 기도하곤 했습니다. 또한, 산소에 절을 하며 조상님에게 시험을 잘 보게 해달라고 기도한 적도 있습니다. 지금 생각하면 얼마나 어처구니가 없는 일인지 웃음이 다 나옵니다.

제 손에 뜯겨 생명을 잃은 풀잎에 저는 기도 했습니다. 자신의 생명도 구원하지 못해 죽은 인간에게 저는 기도 했습니다. 모든 우상을 섬기는 자들이 드리는 기도가 이와 같습니다. 헛되고 어리석은 것입니다.

그러나 우리가 믿는 하나님은 여러 신들 중에 하나가 아닙니다. 기독교는 여러 종교 중 하나가 아닙니다. 오직 하나님만이 유일신이며, 복음만이 유일한 생명입니다. 우리가 드리는 기도는 오직 응답하실 능력이 있는 유일한 하나님께 드리는 것입니다.

이스라엘아 들으라 우리 하나님 여호와는 오직 유일한 여호와이시니 (신6:4)

살아계신 예수 그리스도의 이름으로

우리의 기도는 응답할 능력이 있으신 살아계신 하나님께 드리는 것입니다. 그런데 문제가 있습니다.

하나님이 보이지 않습니다. 믿음으로 기도한다곤 하지만 가끔은 '하나님이 들으실까?'라는 의문이 들기도 합니다. 나의 연약함과 부족함을 볼 때 하나님께 기도드리는 것이 죄송스러울 때도 있습니다. 내가 나를 봐도 응답해 줄 만한 자격도, 조건도 없어 보이기 때문입니다.

그러나 기도는 내 행위가 윤리적으로 옳기 때문에 응답받는 것이 아닙니다. 만약 그렇다면 예수님께서 십자가를 지실 이유가 없으셨을 겁니다. 기도의 응답은 '내 이름으로 기도하라 그리하면 응답하리라' 말씀하신 예수님의 약속을 믿고 하는 것입니다. 그래서 모든 것이 은혜입니다.

지금까지는 너희가 내 이름으로 아무것도 구하지 아니하였으나 구하라 그리하면 받으리니 너희 기쁨이 충만하리라 (요16:24)

태초에 하나님이 천지를 창조하실 때 (창1:1) 하나님의 영이신 성령님은 수면 위를 운행하셨고 (창1:2) 성경은 만물이 그(예수 그리스도)로 말미암아 지은바 되었다 (요1:3)고 말씀하고 있습니다. 삼위일체 하나님은 자신의 말씀으로 이 땅을 창조하셨습니다. 지금도 하나님은 예수 그리스도의 능력의 말씀으로 만물을 붙들고 계시며 (히1:3) 우리는 예수 그리스도 안에서 나의 이름이 아닌 예수 그리스도의 이름의 권세로 살아가는 존재입니다.

또 무엇을 하든지 말에나 일에나 다 주 예수의 이름으로 하고 그를 힘입어 하나님 아버지께 감사하라 (골3:17)

예수 그리스도의 이름으로 우리가 하나님께 기도할 수 있는 이유는 지금도 예수님이 살아계시기 때문입니다. 사람이 죽으면 그 사람의 이름은 아무 능력이 없습니다. 우리가 '이순신'의 이름을 알아도 '지금' 그 이름을 사용할 수 없는 이유는 이순신 장군이 죽었기 때문입니다. 그러나 우리가 믿는 예수 그리스도는 지금도 살아계셔서 하나님 보좌 우편에 앉으셨고 (히12:2) 권능의 말씀으로 모든 피조 세계를 다스리고 계십니다. 예수 그리스도께서 살아 있기 때문에 예수님께서는 당신의 이름으로 기도하라고 말씀하셨습니다.

예수님의 이름이 살아있고, 예수님의 이름으로 기도하고 응답받을 수 있는 은혜 때문에 우리는 오직 믿음으로 기도할 수 있습니다. 이름에는 그 사람의 명예가 달려 있습니다. 다른 이름이 아닌 예수 그리스도의 이름을 주시고 주님께서 우리에게 기도하라고 말씀하신 이유는 창조자의 명예를 걸고 응답 하시겠다는 것입니다. 우상의 이름은 죽음 이름이기 때문에 아무 소용이 없습니다. 오직 살아 있는 이름에만 권세와 능력이 있습니다.

다른 이로써는 구원을 받을 수 없나니 천하 사람 중에 구원을 받을 만한 다른 이름을 우리에게 주신 일이 없음이라 하였더라 (행4:12)

우리가 예수 그리스도의 이름으로 기도해야 할 또 다른 이유가 있습니다. 그것은 바로 예수 그리스도의 이름만이 우리를 구원할 수 있고, 예수 그리스도의 이름으로 우리가 하나님께 나아갈 수 있기 때문입니다.

우리가 기도하는 초보적인 이유는 현실의 문제에서 구원받고자 하는 갈망 때문입니다. 기도의 첫걸음은 내 소원을 하나님께 아뢰는 것인데 이는 현실을 살아가는 나에게 문제와 고통이 있다는 것을 의미합니다. 그렇기 때문에 우리는 지금보다 더 나은 내일의 구원을 기대하며 기도합니다. 그런데 다른 이름으로 우리는 구원 받을 수 없습니다. 오직 예수 그리스도의 이름으로 우리는 전인적인 구원을 받을 수 있습니다.

아들을 낳으리니 이름을 예수라 하라 이는 그가 자기 백성을 그들의 죄에서 구원할 자이심이라 하니라 (마1:21)

또한, 기도는 살아계신 하나님께 올려 드리는 것입니다. 하나님께 나아가는 유일한 방법은 나의 선함과 의로움이 아닌 오직 예수 그리스도의 이름입니다. 태초에 인류가 죄를 범하기 전, 죄가 없던 아담과 하와는 하나님께 나오고 교제하는데, 아무런 방해도 두려움도 없었습니다. 그러나 죄를 범한 아담과 하와는 하나님의 소리를 듣고 하나님의 낯을 피하여 동산 나무 사이에 숨을 수밖에 없는 존재가 되었습니다. (창3:8) 영적인 존재에서 하나님의 영광을 두려워하는 타락한 육적 존재로 전락하고 말았습니다.

모든 사람이 죄를 범하였으매 하나님의 영광에 이르지 못하더니 (롬3:23)

그러나 예수 그리스도의 구속을 통해 죄 사함을 받게 된 인류는 죄의식과 두려움 없이 하나님의 영광에 담대히 나아갈 수 있게 되었습니다. 오직 예수 그리스도의 피의 공로를 힘입고 예수 그리스도 안에서 의의 옷을 입고 하나님께 나아갈 수 있는 것입니다. 그렇기 때문에 예수 그리스도의 이름으로 기도할 때 하나님의 응답으로 현실의 문제에서 구원받을 수 있습니다.

그러므로 형제들아 우리가 예수의 피를 힘입어 성소에 들어갈 담력을 얻었나니 그 길은 우리를 위하여 휘장 가운데로 열어 놓으신 새로운 살 길이요 휘장은 곧 그의 육체니라 (히10:19-20)

제게는 예수 그리스도의 이름이 참 소중합니다. 왜냐하면 '노태훈'의 이름으로 살아가는 것보다 예수 그리스도의 이름으로 살아갈 때 비교할 수 없는 권세와 권능을 사용할 수 있기 때문입니다. 이는 질병 치유를 위해 기도할 때 자명하게 드러납니다.

저는 질병을 위한 치유 기도를 할 때 인간적인 의와 감정을 배제하고, 지금도 살아계셔서 역사하시는 예수 그리스도를 의지하고 그분의 이름으로 기도합니다. 내 이름으로 기도하면 응답하시겠다는 주님의 말씀을 믿고 구할 때 응답은 나의 능력이 있고 없고의 문제가 아닌 주님의 이름의 능력이 달린 명예의 문제입니다. 제게는 아무 능력도 없습니다. 저는 주님의 통로이고 도구입니다.

예수 그리스도의 이름에 대한 제 믿음이 충만한 상태에서 나사렛 예수 그리스도의 이름으로 선포하면 기적이 일어나는 것을 자주 경험합니다.

저는 초등부 전도사로 교회를 섬기고 있습니다. 우리 어린이들은 예배 시간에 치유를 종종 경험하곤 하는데 하나님의 치유가 일어날 때마다 제가 친구들에게 강조하는 것이 있습니다.

"얘들아! 방금 일어난 치유, 전도사님이 한거야? 하나님이 하신 거야?"

"하나님이요."

"그럼 전도사님이 노태훈의 이름으로 기도했어? 아니면 예수님의 이름으로 기도했어?"

"예수님의 이름이요."

"전도사님은 아무 능력이 없어. 예수 그리스도께서 살아 계시기 때문에 예수라는 이름에 권세가 있는 거야"

"아멘"

'지성이면 감천'인 식의 기도는 이방인이 드리는 기도입니다. 하나님의 자녀인 우리의 기도는 '믿음'을 가지고 드리는 기도입니다. 내 이름으로 기도할 때 응답하신다는 주님의 말씀을 믿고, 예수 그리스도의 이름으로 하나님께 기도할 때 우리는 응답을 받을 수 있습니다.

'해주던가 주시던가'의 동기

제가 청소년 시절 다녔던 교회는 오전 6시면 새벽 설교 말씀이 끝났습니다. 6시부터 개인기도 시간이었는데 제 기도 시간은 늘 일정했습니다. 6시부터 기도를 시작하면 이것저것 이 땅의 필요를 구했습니다. 그리고 남북통일과, 세계평화, 예수님의 재림까지 기도하면 정확히 6시 10분이 됐습니다. 오래 기도한 것 같은데 늘 10분 이상 기도하기 힘들었습니다. 그 당시저는 기도가 무엇인지, 무엇을 기도해야 하는지, 어떻게 기도해야 하는지 몰랐습니다.

...성령으로 기도하며 (유1:20)

세상의 모든 사람들은 기도를 합니다. 모든 종교는 그들만의기도 방법이 있고, 종교가 없는 사람들도 그들 나름의 방식대로기도를 하곤 합니다. 기도가 무엇인지 다양하게 정의할 수 있지만, 우리가 흔히 기도라 하면 '나의 소원을 전능자에게 아뢰는 것' 정도로 이해할 수 있습니다. 세상의 모든 사람들이 자신의 문제에서 구원받기 위해 기도하기 때문입니다.

하나님이 이르시되 우리의 형상을 따라 우리의 모양대로 우리가 사람을 만들고 그들로 바다의 물고기와 하늘의 새와 가축과 온 땅과 땅에 기는 모든 것을 다스리게 하자 하시고 하나님이 자기 형상 곧 하나님의 형상대로 사람을 창조하시되 남자와 여자를 창조하시고 하나님이 그들에게 복을 주시며 하나님이 그들에게 이르시되 생육하고 번성하여 땅에 충만하라, 땅을 정복하라, 바다의 물고기와 하늘의 새와 땅에 움직이는 모든 생물을 다스리라 하시니라 (창1:26-28)

하나님께서 태초에 천지를 창조하셨습니다. 그리고 인간이 살아갈 수 있는 모든 조건을 만드신 후 인간을 지으셨습니다. 삼위일체 하나님은 당신의 형상과 모양대로 사람을 창조하셨고, 피조 세계를 다스릴 수 있는 권세를 주셨습니다. (하나님의 형상과 모양대로 지음 받았다는 말씀은 하나님의 성품과 뜻, 영광을 이 땅에 나타낼 수 있는 영적 존재로 지음 받았다는 것을 의미입니다)

하나님의 무한한 자원과, 지혜, 지식, 권세와, 권능을 가지고 아담과 하와는 피조 세계를 하나님의 뜻대로 다스릴 수 있는 영적 존재였습니다.

너희 자신을 종으로 내주어 누구에게 순종하든지 그 순종함을 받는 자의 종이 되는 줄을 너희가 알지 못하느냐 혹은 죄의 종으로 사망에 이르고 혹은 순종의 종으로 의에 이르느니라 (롬6:16)

그러나 그들에게 '죄'가 들어왔고, 인류는 하나님의 통치를 벗어나 마귀의 통치 안에 거하며 고통받게 됐습니다.

...누구든지 진 자는 이긴 자의 종이 됨이라 (벧후2:19)

이르되 이 모든 권위와 그 영광을 내가 네게 주리라 이것은 내게 넘겨 준 것이므로 내가 원하는 자에게 주노라 (눅4:6)

또한, 죄로 인해 아담과 하와가 가지고 있던 '다스리라'는 권세를 마귀에게 빼앗겼습니다. 뱀의 말에 순종한 결과, 그들은 하나님의 통치를 벗어났고 자신들에게 주어진 권세를 빼앗기는 비참한 상태로 전락하고 말았습니다.

그 후 모든 인류는 하나님을 떠난 자존자의 삶을 살게 됐습니다. 또한, 하나님의 무한한 자원의 도움이 아닌, 한정된 자원을 가지고 자신의 제한된 지식으로 살아가며, 수많은 고통과 현실의 문제에서 구원받기 위해 최선을 다해 살아가게 됐습니다.

무한한 은혜를 누리던 그들에게 한정된 자원은 결핍이 됐고, 결핍을 해결하고자 탐욕이 생기게 됐습니다.

그래서 성경은 탐심이 우상숭배라고 말씀하고 있습니다. 왜냐하면, 탐심은 내 결핍을 해결하고자 하는 욕심이기 때문입니다. 예수님이 아니라 내가 주인 되었기 때문에 우상숭배인 것입니다. 타락한 인류는 고통에서 구원받기 위해 '종교'를 만들게 됐습니다. 모든 종교의 기원은 '고통의 문제에서 해결'입니다. 그렇기 때문에 모든 종교가 구하는 기도의 내용은 이 땅의 것들입니다. 왜냐하면, 이 땅의 자원들이 나를 구원해 준다고 믿기 때문입니다. 남보다 내가 더 많은 자원을 가져야(돈, 시간, 명예) 남을 다스릴 수 있습니다. 사랑으로 섬기고 다스리던 하나님의 질서가 죄로 인해 깨지게 됐고, 약육강식의 타락한 질서가 세상에 들어오게 되었습니다.

그래서 모든 종교의 기도 내용을 한마디로 요약하면 '해주세요'입니다. 다시 말해 이 땅의 먹고, 마시고, 입는 필요를 구하는 것입니다. 우리가 하나님께 이것저것 해결해 달라고 요구하는 이유도 같은 맥락으로 이해할 수 있습니다.

먼저 구해야 할 것은

모든 종교가 드리는 기도는 결핍과 욕심을 해결 받고자 하는 욕심에서 출발합니다. 그러나 우리가 믿는 예수 그리스도의 복음은 종교가 아닙니다. 여러 종교 중에서 탁월한 하나의 종교가 아닌 바로 '생명'입니다. 예수님은 하나님의 생명을 가진 자들이 드려야 할 기도에 대해 가르쳐 주고 계십니다.

그러므로 염려하여 이르기를 무엇을 먹을까 무엇을 마실까 무엇을 입을까 하지 말라 이는 다 이방인들이 구하는 것이라 너희 하늘 아버지께서 이 모든 것이 너희에게 있어야 할 줄을 아시느니라 그런즉 너희는 먼저 그의 나라와 의를 구하라 그리하면 이 모든 것을 너희에게 더하시리라 (마6:31-33)

예수님은 우리에게 육신의 삶을 위하여 이 땅의 필요들 즉, 먹고, 마시고, 입는 것들을 구하지 말라고 하십니다. 왜냐하면, 이것을 구하는 것은 하나님과 상관없는 이방인들의 기도이기 때문입니다. 구원받은 자들의 기도가 아니라, 구원받을 자들이

'몰라서'하는 기도라는 말씀입니다. 이방인은 여전히 내가 삶의 주인이 되어, 최선을 다해, 나의 나라와 나의 욕심을 이루고자 하는 자들입니다. 그런 자들은 '그리스도의 도'와는 상관이 없다고 말씀하고 있습니다. (내가 지금 이 땅의 것만을 위한 기도를 드리고 있다면 하나님과 관계가 멀다는 것을 의미합니다)

그렇다고 이 땅의 것이 필요 없다는 이야기가 아닙니다. 예수님은 육신을 입고 있는 우리들이 이 땅의 것들이 필요한 것을 누구보다 잘 알고 계셨습니다. 땅의 것이 필요 없다는 의미가 아니라 예수님은 '하나님의 생명'을 가진 자들이 '먼저' 구해야 할 것들을 가르쳐 주셨습니다. '본질'과 '우선순위'의 문제입니다.

그렇다면 예수님께서 먼저 구하라고 하신 기도의 내용은 무엇일까요? 그것은 바로 '그의 나라와 그의 의'입니다. 그의 나라와 그의 의라는 단어가 익숙하지만 많은 사람들이 나라와 의가 의미하는 바를 정확히 알지 못합니다.

우리가 흔히 '나라'라고 하면 공간과 지리적인 영역을 떠올립니다. 그러나 성경에서 말씀하고 있는 '나라'의 의미는 통치, 주권, 다스림입니다. '하나님의 나라'는 죽어서 가는 천국을 의미하지만 신약 성경은 하늘에 있는 천국보다 이 땅에 도래한 하나님의 통치로서의 '나라'를 더 많이 사용하고 있습니다. '의'의 의미는 하나님과의 바른 관계를 뜻하는데 정리하면 이렇습니다. 이 땅에서 먹고 마시고 입는 필요를 구하기 전에 하나님의 말씀(뜻)과 성령이 나의 언행심사를 통치하시고, 다스리시도록 먼저 구하라는 것입니다. 하나님께서 나의 언행심사를 통치하실 때 하나님의 뜻이 내게 이루어진 상태가 되며 이는 하나님과 바른 관계 안에 있다는 것을 의미합니다. 이것이 예수 그리스도의 피의 공로로 구원받은 '의인'의 삶입니다. 그리하면 이 땅의 필요를 은혜로 더하신다는 것이 말씀의 약속입니다.

오늘 있다가 내일 아궁이에 던져지는 들풀도 하나님이 이렇게 입히시거든 하물며 너희일까보냐 믿음이 작은 자들아 (마6:30)

만약 제 아버지가 굴지의 기업을 일궈낸 CEO라면 아버지는 제게 회사를 물려주고 싶어 하실 것입니다. 그러나 제가 아버지의 마음도 모르고 철없이 세상의 즐거움만 쫓고 세상의 것들만 구한다면 아버지 마음이 어떠하시겠습니까? 또한, 아버지는 제게 기업을 경영할 수 있는 능력을 가르치기 원하시는데 아버지의 뜻도 모르고 인간적인 노력으로 아르바이트하며 세월을 낭비한다면 아버지 마음은 아프시지 않겠습니까? 또한, 내 인생은 얼마나 속고 잃어버리고 사는 것입니까?

예로 드린 말씀이지만 땅의 것을 구하는 자의 인생이 이렇습니다. 하나님을 오해하며 속고 있는 것입니다.

우리는 먼저 그의 나라(통치, 주권, 다스림)와 그의 의(하나님과의 바른 관계)를 구해야 합니다. 하나님은 모든 것을 아시고, 모든 것을 우리에게 주실 수 있는 전능하신 분입니다. 하나님이 원하시는 것은 먼저 우리가 하나님의 통치 가운데 바른 관계 안에서 의인으로 살아가는 것입니다.

이를 위해 우리는 기도해야 합니다. 사랑하는 연인이 나와의 관계에 집중하는 것보다 내가 가진 물질에 마음을 품는다면 그 관계는 건강하지 못합니다. 나와 하나님과의 관계도 마찬가지입니다.

여호와와 그의 능력을 구할지어다 그의 얼굴을 항상 구할지어다
(시105:4)

저는 어린이 사역을 하며 하나님의 마음을 깨닫곤 합니다. 대안학교에 다니는 친구 중에 '하진'이라는 여자 친구가 있습니다.

제가 하진이를 담당하고 있는 사역자가 아니기 때문에 그 친구와 저는 친밀한 관계가 없습니다. 그런데 하진이는 저를 볼 때마다 쪼르르 달려와서 먼저 인사를 하곤 합니다. 자기 간식을 제게 나눠주는가 하면, 함께 체험학습을 떠난 날에는 제 옆을 졸졸 따라다니며 저와 친해지려고 애를 쓰는 모습을 보입니다. 그런 모습을 볼 때면 어찌나 예쁘고 귀하던지, 다른 친구들 몰래 사탕을 하나 챙겨주던가 무언가를 계속 주고 싶습니다. 이것이 하나님의 마음입니다. 하나님에게서 떨어지는 콩고물이 아닌 하나님 자체, 하나님과의 관계를 먼저 구하는 자에게는 모든 것을 더하여 주고 싶은 것이 아버지의 마음입니다.

아버지의 나라를 위해 기도하라

우리가 교회를 다니며 듣는 설교 중 많은 비중을 차지하는 말씀은 바로 '기도'입니다.

왜냐하면, 우리가 기도할 때 하나님의 도우심을 받을 수 있고 하나님의 뜻대로 살아갈 수 있기 때문입니다.

설교자로서 저는 많은 고민이 있습니다. 말씀을 열심히 준비해서 성도들에게 맛있고 건강한 음식을 대접해 드리고 싶은 거룩한 부담이 있습니다. 그러나 설교를 하면 할수록 깨닫는 것은 지식적으로 논리적인 설교가 좋은 것이 아니라는 것입니다. 성도들의 심령에 불을 붙이고 하나님의 말씀대로 살아가게 만드는 설교가 살아있는 설교입니다.

좋은 말씀을 듣고 자아가 위로받는 것이 설교의 목적이 아닙니다. 하나님의 말씀을 듣고 회개하여 삶이 변하는 것이 설교의 목적이기 때문에 저는 삶의 변화를 주는 기도의 능력에 대해 자주 설교합니다.

그들이 서로 말하되 길에서 우리에게 말씀하시고 우리에게 성경을 풀어 주실 때에 우리 속에서 마음이 뜨겁지 아니하더냐하고 (눅 24:32)

제가 기도에 대해 설교하고 가르칠 때 성도들에게서 공통된 문제를 발견할 수 있습니다. 많은 경우 성도들이 기도를 생각할 때 '이 땅의 관점'과 '육신의 유익' 차원에서만 기도를 이해하고 실행한다는 것입니다. 기도하는 목적이 이 땅을 살아가고 있는 나(육신)의 유익을 위해서입니다. 그렇기 때문에 내게 문제가 생겼을 때만 기도합니다. (문제가 없으면 기도하지 않고 왜 기도해야 하는지 깨닫지도 못합니다. 기도의 목적은 하나님의 통치와 다스림을 받기 위함입니다) 기도의 내용을 들어보면 이 땅에서 잘 먹고 잘살기 위한 간구이지 하늘의 것을 구하지 않습니다.

우리가 기도해야 하는 궁극적인 이유는 바로 복음에 합당하게 생활하기 위함입니다. (빌1:27) 하나님이 예수 그리스도를 통해 우리에게 주신 복음의 은혜를 누리기 위해 기도해야 합니다.

그러므로 너희가 그리스도와 함께 다시 살리심을 받았으면 위의 것을 찾으라 거기는 그리스도께서 하나님 우편에 앉아 계시느니라 위의 것을 생각하고 땅의 것을 생각하지 말라 이는 너희가 죽었고 너희 생명이 그리스도와 함께 하나님 안에 감추어졌음이라 (골3:1-3)

태초에 하나님께서 인간에게 생육하고 번성하고 이 땅에 충만하여 피조세계를 다스리는 권세와 복을 주셨습니다. 왕이신 하나님께서 내 아버지가 되신다면 나는 왕의 자녀의 권세를 가지고 있습니다. 인간적인 행위와 노력으로 얻어낸 것이 아닌 태생적으로 주어진 신분이고 은혜입니다. 아담과 하와는 이 땅을 하나님의 뜻대로 다스릴 수 있는 권세를 받았음에도 불구하고 하나님이 되어 선악을 판단하고자 하는 욕심으로 인해 다스리는 권세를 마귀에게 빼앗기게 됐습니다.

모든 피조세계가 아담과 하와의 말에 순종했습니다. 그렇다면 그들은 자신들이 이 피조세계를 다스리는 진짜 주인, 왕이라는 착각을 할 수 있었습니다. 하나님은 동산 중앙에 선악을 알게 하는 나무를 두시며 모든 것이 가능했던 그들에게 '먹지 말라'는 금지 계명을 주셨습니다.

모든 것이 가했던 그들에게 불가한 것이 생겼습니다. 그렇다면 그들은 선악을 알게 하는 나무를 볼 때마다 자신들을 지으시고 이 땅을 다스릴 수 있는 권세를 주신 하나님을 주인으로 인식할 수 있었습니다.

즉 아담과 하와가 선악과를 먹지 않는 것은 행하는 믿음으로 하나님이 자신들의 왕과 주인, 통치자 되심을 인정하는 행위였습니다. 그러나 그들은 자신이 하나님이 되어 선악을 알고자 하는 욕심때문에 죄를 범하게 됐고, 하나님을 떠나 마귀의 통치 안에 거하는 죄의 종으로 고통받게 됐습니다.

죄를 짓는 자는 마귀에게 속하나니 마귀는 처음부터 범죄함이라 하나님의 아들이 나타나신 것은 마귀의 일을 멸하려 하심이라 (요한1서 3:8)

누구든지 진 자는 이긴 자의 종이 됨이라 (벧후2:19)

너희 자신을 종으로 내주어 누구에게 순종하든지 그 순종함을 받는 자의 종이 되는 줄을 너희가 알지 못하느냐 혹은 죄의 종으로 사망에 이르고 혹은 순종의 종으로 의에 이르느니라 (롬6:16)

예수께서 대답하시되 진실로 진실로 너희에게 이르노니 죄를 범하는 자마다 죄의 종이라 (요8:34)

도둑이 오는 것은 도둑질하고 죽이고 멸망시키려는 것뿐이요 내가 온 것은 양으로 생명을 얻게 하고 더 풍성히 얻게 하려는 것이라 (요10:10)

하나님의 통치 가운데 이 땅을 다스리며 부어지는 풍성한 은혜를 누리는 것이 죄를 짓기 전 인류의 모습이었습니다. 그러나 그들은 하나님이 되고자 하는 욕심으로 하나님을 반역했고 하나님이 아닌 마귀의 종노릇 하는 비참한 신세로 전락하고 말았습니다.

시간이 흘러 하나님의 때가 차매 마귀의 종노릇 하는 인류를 구원하시기 위해 예수님께서 이 땅에 성육신으로 오셨습니다.

때가 차매 하나님이 그 아들을 보내사 여자에게서 나게 하시고 율법 아래에 나게 하신 것은 율법 아래에 있는 자들을 속량하시고 우리로 아들의 명분을 얻게 하려 하심이라 (갈4:4-5)

이르시되 때가 찼고 하나님의 나라가 가까이 왔으니 회개하고 복음을 믿으라 하시더라 (막1:15)

예수님은 죗값으로 마귀의 통치를 받던 인류를 하나님의 통치를 받는 자녀로 구원하시기 위해 십자가를 지셨습니다. 예수님

은 인류를 구원하시기 위한 화목제물이 되셔서 하나님의 공의
를 만족시키셨습니다. 예수님은 부활하시고 승천하시어 보혜사
성령님을 보내주셨고 우리 안에 하나님의 생명이 거하는 하나님
의 자녀가 되게 하셨습니다. 예수님의 십자가 사역으로 우리는
태초에 하나님께서 아담과 하와에게 주셨던 하나님의 생명과,
왕의 자녀의 권세를 회복하게 되었습니다.

그 눈을 뜨게 하여 어둠에서 빛으로, 사탄의 권세에서 하나님께로
돌아오게 하고 죄 사함과 나를 믿어 거룩하게 된 무리 가운데서 기
업을 얻게 하리라 하더이다 (행26:18)

마귀의 통치에서 하나님의 통치로 이양된 하나님의 자녀는
주의 성령을 통해 말씀에 순종함으로 이 땅에 하나님의 뜻을 이
루고 피조세계를 다스릴 수 있게 되었습니다. 이것이 하나님의
나라를 기업으로 얻는다는 의미입니다.

앞에서도 말씀드린 것처럼 우리가 기도해야 하는 궁극적인
이유는 '하나님 나라의 복음'에 합당하게 생활하기 위해서입
니다.

내가 잘 먹고 잘살기 위해 드리는 기도는 그 주체가 여전히

'나'입니다. 이것은 이방 종교가 드리는 기도의 내용입니다. 그러나 우리가 예수를 믿었다면 나는 죽었습니다. 주와 함께 죽고 주와 함께 부활한 그리스도 안에 있는 새로운 피조물이 우리의 본질이고 정체성입니다. 새로운 피조물의 삶은 죄에 이끌리던 육신의 삶과는 전혀 다른 삶을 사는 것입니다. 무엇을 먹을까, 마실까, 입을까 고민하며 육신의 죄 된 본능대로 살아가는 것이 아니라 영으로써 몸의 행실을 죽이며 말씀에 순종함으로 이 땅에 주의 뜻을 이루는 삶이 구원받은 하나님의 자녀의 삶입니다.

예수를 믿는다는 것은, 더 이상 나를 위해 사는 삶이 아닙니다. 하나님의 영광, 하나님의 뜻을 이루기 위해 나를 부인하며 살아가는 삶입니다. 그럴 때 비로소 우리 안에 계신 예수 그리스도께서 나를 통해 친히 이 땅에 주의 뜻을 이루십니다. 육신의 삶이 아닌 예수 그리스도께서 친히 나를 통해 그분의 영광을 나타내는 삶이 새로운 피조물 된 우리가 추구해야 하는 삶의 모습입니다. 하나님의 영광을 드러내는 삶을 살 때 우리는 하나님이 주시는 풍성한 은혜를 누릴 수 있게 되고 이 땅은 하나님의 통치와 다스림을 받는 하나님의 나라가 될 것입니다.

우리는 하나님의 나라를 위해, 하나님 나라의 복음에 합당하게 생활하기 위해 기도해야 합니다. 하나님 나라에서 모든 기도가 시작됩니다.

한 사람의 범죄로 말미암아 사망이 그 한 사람을 통하여 왕 노릇 하였은즉 더욱 은혜와 의의 선물을 넘치게 받는 자들은 한 분 예수 그리스도를 통하여 생명 안에서 왕 노릇 하리로다 (롬5:17)

풍성한 삶을 위해 기도하라

신앙생활은 구원받은 하나님의 자녀가 하나님의 영으로 인도함을 받으며 은혜를 누리는 삶입니다. 세상 나라는 내가 인생의 주인이 되어 인간이 할 수 있는 최선의 노력으로 살아가는 자기계발을 요구하지만, 자녀인 우리가 사는 하나님의 나라는 나의 열심을 포기할 때 하나님의 열심이 나에게 이루어지는 은혜를 경험하는 삶입니다.

이는 힘으로 되지 아니하며 능력으로 되지 아니하고 오직 나의 영으로 되느니라 (슥4:6)

세상 사람들은 알지도 못하고 보지도 못하는 하나님 나라의 은혜를 자녀인 우리는 기도를 통해 누릴 수 있습니다. 마치 잠수부처럼 물 밖으로 연결된 호스에 내 생명을 맡기고 바다 깊은 곳을 탐험하며 남들이 모르는 새로운 세상을 경험하는 것과 같습니다. 우리가 기도할 때 세상 너머에 있는 영의 세계에 연결됩니다. 영의 세계는 오직 기도를 통해 접속할 수 있는데 우리는 기도를 통해 하늘에 속한 신령한 복과 은혜를 공급 받을 수 있고, 천국의 능력과 도움으로 이 땅을 살아갈 수 있습니다.

이것이 하나님 나라의 삶이며 예수님이 이 땅에 오신 이유이 기도 합니다. 바로 풍성한 삶을 우리에게 선물로 주시기 위해서 입니다.

내 힘으로, 최선으로, 노력으로, 열심으로 행하여 결과를 만들어 내는 것이 땅의 방식이라면, 하나님 나라는 기도를 통해 오직 은혜로 되어지는 것을 경험하는 세상입니다. 내가 아니라 하나님으로부터 시작되고, 되어지고, 주어지니 모든 것이 은혜 입니다.

내가 온 것은 양으로 생명을 얻게 하고 더 풍성히 얻게 하려는 것 이라 (요10:10)

구원받은 하나님의 자녀는 예수님의 구속 사역으로 말미암아 잃어버렸던 하나님의 생명을 되찾게 되었고, 육신의 생명이 아닌 하나님의 생명을 기초하여 이 땅을 살아갈 수 있게 됐습니 다. 그 결과 세상 사람들은 경험하지 못하는 풍성한 삶을 누릴 수 있게 되는 것입니다.

풍성한 삶이란 하나님의 은혜를 누리는 것으로, 질적으로 탁월하고 우월하며 매우 높아 측량할 수 없는 상태를 의미합니다. 바로 기도를 통해 우리는 천국의 은혜와 능력을 이 땅에서 누릴 수 있게 되었습니다.

> 내가 너희 모든 사람보다 방언을 더 말하므로 하나님께 감사하노라 (고전14:18)

저는 개인적으로 방언으로 기도하는 것을 즐겨합니다. 방언은 영의 기도입니다. 성령님은 내가 알지 못하는 나의 필요와 우선적으로 구해야 할 모든 것을 아십니다. 그렇기 때문에 성령이 말하게 하심을 따라 방언으로 기도하면 나는 알지 못해도 내 인생이 하나님의 은혜와 도움으로 풍성해지는 것을 경험합니다.

저는 방언으로 기도할 때면 하나님의 은혜가 너무나도 크고 감사하여 가슴이 뭉클해질 때가 있습니다. 방언으로 기도하시는 분들은 모두 알겠지만, 방언 기도는 쉼도 없고 끝도 없습니다. 방언 기도를 시작하면 내가 멈추지 않는 이상 끝없이 방언으로 기도가 나옵니다. 아마 물리적인 한계(시간, 체력, 수면, 사회활동 등)만 해결된다면 몇 달이고 몇 년이고 방언 기도는 멈추지 않을 것입니다.

방언 기도가 멈추지 않고 끝없이 나온다는 이야기는 하나님께서 우리에게 주고 싶으신 기도 응답이 끝이 없다는 것을 의미합니다. 우리를 사랑하셔서 주시고 싶은 하나님의 선물과, 우리를 통해 이 땅에 이루고 싶으신 하나님의 뜻이 무한하다는 것입니다. 이것이 바로 기도를 통해 누리는 풍성한 인생입니다.

저는 방언 기도를 통해 하나님의 은혜를 깨달은 후 더욱 방언으로 무시로 기도하려고 애쓰고 있습니다. 인간적인 판단으로 내 필요를 하나님께 아뢰는 것보다, 방언으로 기도하면 영이 충만해지고, 육신의 필요가 채워지는 것을 자주 경험합니다.

이와 같이 성령도 우리의 연약함을 도우시나니 우리는 마땅히 기도할 바를 알지 못하나 오직 성령이 말할 수 없는 탄식으로 우리를 위하여 친히 간구하시느니라 (롬8:26)

하루는 고속버스를 타고 고속도로를 지나고 있었습니다. 책을 읽고 있던 저는 순간 방언으로 기도해야겠다는 마음의 부담을 느꼈습니다. 성령님의 감동이 주어지면 즉각 순종하는 것이 유익인 것을 경험으로 알았기 때문에 저는 조용히 소리를 내지 않고 방언으로 기도를 시작했습니다.

시간이 얼마 지나지 않아 저는 성령님께서 방언으로 기도하라는 부담을 주신 이유에 대해 알게 되었습니다. 다른 차선에 있던 승용차가 무리하게 차선을 변경하여 교통사고가 날 뻔 했습니다. 다행히 기사님이 대처를 잘하셔서 사고는 나지 않았지만 자칫하면 큰 사고로도 이어질 수 있었던 위험한 상황이었습니다.

성령님은 앞으로 일어날 사고를 미리 아시고 제게 방언으로 기도하라고 감동하셨습니다.

만약 제가 순종하지 않고 기도하지 않았더라면 사고가 발생했을 수도 있었습니다. 작은 예지만, 이런 삶이 기도를 통해 누리는 하나님의 은혜이고 풍성한 삶입니다. 기도하지 않았더라면 일어날 수 있었을 사고는 제힘으로는 절대 막지 못할 일이었습니다. 내가 할 수 없는 일을 기도를 통해, 하나님이 일하시고 응답받을 수 있는 것이 자녀만이 누릴 수 있는 풍성함입니다.

나를 눈동자 같이 지키시고 주의 날개 그늘 아래에 감추사 (시17:8)

몇 달 전 저는 코로나 양성 판정을 받고 고열과 폐렴으로 심한 고생을 했습니다. 상태가 심각해서 병원에 입원하여 치료를 받았는데 증상의 호전이 없자 순간 '죽을 수도 있겠다'라는 부정적인 생각과 두려움이 엄습했습니다. 그때 저는 제가 얼마나 믿음이 없는지 깨닫게 되었습니다. 단톡방에는 '죽으면 죽으리라'는 각오로 코로나를 이겨가는 새 가족들이 있었는데, 전도사인 저는 죽을까봐 두려워서 벌벌 떨고 있었습니다. 두려움에 울다 지쳐 잠이 들었는데 하나님이 꿈 속에서 말씀 한 구절을 보여 주셨습니다.

생명과 사망과 복과 저주를 네 앞에 두었은즉 너와 네 자손이 살기 위하여 생명을 택하고 (신30:19)

평소에 제가 즐겨 암송하던 구절이었습니다. '기도를 선택하라'는 감동이 마음에 부어졌습니다. 어차피 힘들고 아픈데 '기도라도 하자'는 오기가 생겼고 아픈 몸을 억지로 일으켜 앉아 방언으로 기도를 시작했습니다. 기도를 시작한 후 얼마가 지났을까 머리가 맑아졌습니다. 두려움에 눌려 있던 마음이 평안으로 바뀌었습니다. 몸의 컨디션도 좋아지기 시작했습니다. 기도를 시작한 그날부터 폐의 염증이 줄어들었습니다. 할렐루야!

아무 것도 염려하지 말고 다만 모든 일에 기도와 간구로 너희 구할 것을 감사함으로 하나님께 아뢰라 그리하면 모든 지각에 뛰어난 하나님의 평강이 그리스도 예수 안에서 너희 마음과 생각을 지키시리라 (빌4:6-7)

하나님의 자녀는 내가 주체가 되어 마음과 생각을 지키려고 애쓰는 것이 아닙니다. 오직 기도할 때 하나님께서 자녀인 우리의 마음과 생각을 지키신다고 성경은 약속하고 있습니다. 그래서 은혜입니다. '땅'이 말하는 긍정의 힘이 아니라 '천국'의 능력이 마음과 생각을, 기도를 통해 지켜 가시기에 차원이 다른 풍성함입니다. 오직 기도를 통해 하나님의 풍성함을 누릴 수 있습니다.

기도의 유익

기도는 그 깊이와 넓이가 인간의 이성을 초월하기 때문에 기도의 유익을 논하기는 쉽지 않습니다. 하지만 분명한 것은 기도하는 자체가 이미 큰 복을 받은 것이고 유익입니다. 기도하는 사람치고 인생이 망하는 사람은 없습니다. 하나님의 크신 은혜와 도우심을 받고 오늘을 살아가기 때문에 기도하는 사람은 늘 형통합니다.

안될 것 같으면서도 되는 은혜가 기도하는 사람에게 있습니다. 왜냐하면, 기도하는 사람은 겸손하기 때문입니다. 내 힘과 능력으로 살아갈 수 없음을 알기에 하나님께 엎드려 기도합니다.

마음의 겸손함과 가난함이 그를 기도의 자리로 인도하고 하나님의 크신 능력과 도움을 받을 수 있습니다. 그렇기 때문에 겸손한 사람이 구원받을 수 있고 마음이 가난한 사람이 복이 있는 것입니다.

심령이 가난한 자는 복이 있나니 천국이 그들의 것임이요 (마5:3)

기도의 유익이 너무나도 많지만 제가 경험한 유익 몇 가지를
나눠보도록 하겠습니다.

첫째. 응답 받을 수 있습니다

당연한 얘기지만 기도의 가장 큰 유익은 응답에 있습니다.
우리는 제한된 자원을 가지고 오늘을 살아갑니다. 인간의 결핍
은 전능자의 구원을 갈망하게 되었고, 구원의 수단은 바로 기도
입니다. 우리는 기도라는 수단을 통해 현실의 고통과 미래의
불안에서 구원받을 수 있습니다.

하나님을 모르는 세상 사람들은 자신의 지혜와 노력으로 현실
에서 구원받기 원하지만 우리는 기도라는 수단을 통해 하나님
의 도우심을 경험할 수 있습니다.

기도하는 사람은 세상에서 제일 지혜로운 사람입니다. 내 힘
과 지식으로 살아갈 수 없는 것을 아는 자가 기도합니다. 기도
하는 사람은 쓸데없는 고통을 당하지 않고 시간을 낭비하지 않
습니다. 기도하는 그 시간이 미련하고 어리석은 것 같으나 알고
보면 가장 완벽한 미래의 길을 닦고 있는 것입니다.

미래에 대한 두려움과 불확실성 가운데 우리가 할 수 있는 최선은 바로 오늘 기도로 심고 내일 응답을 거두는 것입니다. 인생은 심은 대로 거두기 때문에 오늘 기도의 씨앗을 심은 자만이 미래에 열매를 거둘 수가 있습니다. 그래서 기도하는 사람은 미래가 보장되어 있습니다. 젊어서 기도하는 사람은 비록 보잘 것 없고 가진 것이 없어 보일 수 있지만, 미래에 거둘 것이 많은 세상에서 가장 능력 있고 지혜로운 사람입니다. 오늘 기도하는 자만이 내일의 은혜를 누릴 수 있습니다.

그러므로 내가 너희에게 말하노니 무엇이든지 기도하고 구하는 것은 받은 줄로 믿으라 그리하면 너희에게 그대로 되리라 (막11:24)

둘째. 하나님을 가까이 할 수 있습니다

우리가 하나님을 만나지 못하는 이유는 간단합니다. 바로 하나님을 찾지 않기 때문입니다. 하나님을 찾아도 만나지 못하는 이유가 있습니다. 바로 간절히 찾지 않기 때문입니다. 하나님은 성경 말씀을 통해 우리가 하나님을 만날 수 있는 방법을 알려 주셨습니다. 하나님께서는 예수 그리스도를 통해 우리가 하나님

께 나아올 수 있는 새로운 살 길을 열어 주셨습니다. 이제 우리
의 반응이 남아 있습니다.

나를 사랑하는 자들이 나의 사랑을 입으며 나를 간절히 찾는 자가
나를 만날 것이니라 (잠8:17)

…마음을 다하고 뜻을 다하여 그를 찾으면 만나리라 (신4:29)

하나님을 찾는다는 것은 다른 말로 하나님께 기도하는 것을
의미합니다. 성경은 우리가 기도할 때, 하나님께서 우리에게
가까이 하신다고 약속하고 있습니다.

우리 하나님 여호와께서 우리가 그에게 기도할 때마다 우리에게
가까이 하심과 같이… (신4:7)

여호와께서는 자기에게 간구하는 모든 자 곧 진실하게 간구하는
모든 자에게 가까이 하시는도다 (145:18)

저는 참 가진 것이 없습니다. 환경의 어려움, 육신의 연약함,
불안한 미래 등 마음이 늘 가난합니다. 그렇기 때문에 하나님께
기도할 수밖에 없고 응답을 통해 하나님의 선하심을 날마다 맛

보고 있습니다. 그래서 저는 큰 은혜를 받은 사람입니다. 늘 하나님을 찾고 기도하기 때문에 하나님께서 가까이 하시는 '임재'를 숨 쉬듯 경험하고 있습니다. 그래서 제게는 다른 사람들이 갖지 못한 하나님과의 친밀함이 있고 간증이 있습니다. 이 글을 쓰는 지금도 하나님의 임재가 더욱 크게 부어지는 것을 경험합니다. 친밀함이 곧 능력입니다.

셋째. 하나님의 보호하심을 경험할 수 있습니다

기도하는 자는 눈으로 보이지 않지만, 영적으로 느껴지는 아우라가 있습니다. 하나님이 쓰시는 종들이 강단에서 말씀을 전할 때 영안이 열리신 분들의 간증을 들어보면, 어떤 빛의 보호하심이 주의 종을 덮고 있다는 이야기를 종종 들을 수 있습니다.

기도하는 자에게는 하나님의 보호하심의 울타리가 있습니다. 기도하는 자에게는 하늘 문이 열려 있고, 열린 문을 통해 천국의 빛의 통치와 보호를 받을 수 있습니다.

주께서 그와 그의 집과 그의 모든 소유물을 울타리로 두르심 때문이 아니니이까... (욥1:10)

하나님께서는 욥을 울타리로 보호하고 계셨습니다. 여기서 울타리는 보호하기 위해 가두고 담을 쌓는 것을 의미합니다. 즉 노아와 다니엘과 함께 의인이라 칭함 받던 욥은 하나님께 기도하던 사람이었고 의인 욥을 하나님은 초자연적인 울타리로 보호하셨습니다.

과거 저는 이와 비슷한 경험을 한 적이 있습니다. 교회에서 기도를 마치고 나왔는데 오랜만에 고향 교회 동생을 만났습니다. 영적인 예민함을 가지고 있던 동생이었는데 제게 가까이 오지 못하고 멀찍이 떨어져서 인사를 하였습니다.

그 이유를 물어보니 오랜만에 본 제게 영적인 벽이 둘러쳐져 있는 것이 느껴져서 가까이 오지 못했다고 합니다. 기도하고 성령의 충만을 받으니 눈에 보이지 않지만, 영적인 보호하심이 제게 있었던 것입니다.

넷째. 성령 충만함을 받을 수 있습니다

사실 우리가 기도해야 할 중요한 내용 중 하나는 바로 성령 충만입니다. 신앙생활은 성령 충만한 생활입니다. 성령 충만하지 않으면 성경이 말하고 있는 신앙생활을 할 수 없습니다. 기도하지 않으면 자아가 충만하여 종교적인 열심을 낼 수는 있어도, 하나님과 상관없는 내 일이기 때문에 의미도, 열매도 없습니다.

기도하는 자만이 성령 충만을 받을 수 있고 성령 충만해야 하나님의 영으로 인도함 받는 영적 생활을 할 수 있습니다. 그래서 예수님도 기도하셨고, 제자들에게도 기도하여 성령의 능력을 받으라고 말씀하셨습니다.

> 술 취하지 말라 이는 방탕한 것이니 오직 성령으로 충만함을 받으라 (엡5:18)

과거, 새벽예배에 말씀을 전하고 기도하고 있던 제게 할머니 권사님께서 오셔서 이런 질문을 하셨습니다.

"전도사님 어떻게 기도하면 될까요?"

당황스러웠습니다. 기도가 무엇인지 말씀드릴 시간적 여유가 없었기 때문에 저는 한 가지만 구하라고 말씀드렸습니다.

"권사님 성령 충만을 구하세요. 성령 충만이면 됩니다."

다음날, 새벽예배 말씀을 마치고 뜨겁게 기도를 인도했습니다. 어제 제게 질문하셨던 권사님도 열정적으로 기도하시는 모습이 보였습니다.

오후가 됐는데 모르는 번호로 여러 통의 부재중 전화가 와 있었습니다. 저는 부재중 전화는 잘 받지 않는데 왠지 전화를 해야만 할 것 같았습니다.

전화를 드리니 제게 기도를 물어본 권사님이셨고 제가 가르쳐 드린 대로 성령 충만을 구하다 성령의 역사를 경험하고 질병이 치유됐다는 간증을 전해주셨습니다. 할렐루야!

다른 사람에게는 같은 성령으로 믿음을, 어떤 사람에게는 한 성령으로 병 고치는 은사를 (고전12:9)

기도를 통치의 개념으로 이해하면 내 안의 어둠이 떠나가고 빛 되신 성령님이 나를 다스리는 영역이 커지는 것을 의미합니다. 그래서 성경은 성령을 소멸하지 말라고 우리에게 말씀하고 있습니다.

기도하는 자에게 성령 충만이 임하고 성령의 충만함을 경험할수록 우리는 더 큰 은혜를 누릴 수 있게 됩니다.

다섯째. 옳고 그름을 분별할 수 있습니다.

신앙생활은 진리 되신 하나님의 말씀으로 세상을 판단하고 분별하는 삶입니다. 오직 말씀만이 판단의 절대적인 기준이며 우리는 말씀을 통해 세상을 바라봐야 합니다. 그런데 말씀이 판단 기준이 되기 위해서는 말씀과 더불어 우리의 영의 눈이 열려야 합니다.

너희 마음의 눈을 밝히사... (엡1:18)

에베소서는 '마음의 눈을 밝히사'라는 말씀이 나옵니다. 이 말씀은 육신의 눈이 아닌 영의 눈이 열리는 것을 의미합니다. 영의 눈이 열리는 만큼 우리는 세상을 바로 보고 분별할 수 있습니다. 단지 육신의 눈으로 보고 머리로 이해하는 것을 넘어 영으로 보고 이해하여 깊은 차원의 선과 악을 분별해야 합니다.

기도하여 이르되 여호와여 원하건대 그의 눈을 열어서 보게 하옵소서 하니 여호와께서 그 청년의 눈을 여시매 그가 보니 불말과 불병거가 산에 가득하여 엘리사를 둘렀더라 (왕하6:17)

아람 군대가 엘리사를 잡기 위해 엘리사가 사는 성읍을 말과 병거와 많은 군사로 에워쌌습니다. 영의 눈이 닫혀있던 엘리사의 사환은 그 광경을 보고 두려움에 빠졌지만 엘리사는 그를 진정시키며 우리와 함께 한 자가 그들과 함께 한 자보다 많다는 엉뚱한 소리를 합니다.

육의 눈으로는 아무것도 보이지 않지만 엘리사는 영의 눈을 열어 천군 천사를 보고 있었습니다. 엘리사는 하나님께 청년의 영의 눈이 열리길 기도했습니다. 눈이 열린 청년은 하나님의 군대가 산에 가득하여 엘리사와 함께 있는 것을 보았습니다. 여기서 중요한 교훈을 우리는 발견할 수 있습니다.

눈에 보이는 세계가 전부가 아닙니다. 내 눈에 악이 하나님의 눈에는 선이 될 수 있고, 내 눈에 선이 하나님의 눈에는 악이 될 수 있습니다. 중요한 것은 내 판단이 아니라 하나님의 판단입니다.

보이는 그대로 보고 믿는 것이 아니라 그 이면에 있는 영의 세계를 볼 수 있는 마음의 눈이 열려야 합니다. 그래야만 성경을 바로 보고 세상을 분별할 수 있습니다. 많은 사람들이 하나님을 믿고 성경을 보아도 하나님을 대적하는 편에 서는 이유는 영의 눈이 닫혀 분별하지 못하기 때문입니다. 오직 기도해야 영의 눈이 열리고 영의 눈이 열리는 만큼 바로 보고 분별할 수 있습니다.

예수님은 사람들을 만나시고 치유하실 때 보고 듣는 혼의 감각으로 그들을 판단하지 않으셨습니다. 드러나는 문제의 본질을 영의 눈으로 보고 판단하셨습니다. 그래서 많은 경우 병의 치유와 함께 죄의 문제를 지적하시고 해결하셨습니다. 죄로 인해 겪는 고난의 증상 중 하나가 바로 질병이기 때문입니다.

기도를 통해 영의 감각이 발달할수록 우리는 하나님의 뜻에 맞는 옳은 선택을 할 수 있게 됩니다.

여섯째. 마음을 새롭게 할 수 있습니다.

세상에서 들리고 보이는 소식이 어찌나 악하고 음란한지, 차라리 눈과 귀를 닫고 살고 싶은 마음이 들 때가 많습니다. 우리는 지금 인류 역사상 가장 죄악이 창궐하는 시대를 살고 있고, 죄악을 보는 깨어있는 그리스도인들은 심령이 상하는 것을 경험하고 있습니다.

이는 이 의인이 그들 중에 거하여 날마다 저 불법한 행실을 보고

들음으로 그 의로운 심령이 상함이라 (벧후2:8)

성경은 무릇 지킬만한 것 중에 마음을 지키라고 말씀하고 있습니다. 마음에서 생명이 나기 때문에 마음을 지키는 자가 하나님의 생명을 열매 맺을 수 있습니다. 그러나 마음 지키기가 말처럼 쉽지 않습니다. 마지막 때, 국가적인 어려움, 교회와 개인, 정치와 경제의 어려움, 코로나 펜데믹 등 바른 정신으로 하루를 살아가는 것이 쉽지 않습니다. 그런데 성경은 우리의 마음을 지킬 수 있는 비밀을 알려 주고 있습니다. 바로 기도하는 것입니다.

아무 것도 염려하지 말고 다만 모든 일에 기도와 간구로, 너희 구할 것을 감사함으로 하나님께 아뢰라 그리하면 모든 지각에 뛰어난 하나님의 평강이 그리스도 예수 안에서 너희 마음과 생각을 지키시리라 (빌4:6-7)

내가 처한 상황과 상관없이 기도로 엎드리면 하나님께서 내 마음을 새롭게 하십니다. 원망하고, 슬퍼하고, 두려움과 인생의 소망이 없으며 부정적이고 우울할 수밖에 없는 현실이지만 기도할 때 하나님께서 예수 안에 있는 우리의 마음과 생각을 지키십니다.

세상은 악하지만 그럼에도 불구하고 성령으로 기도할 때 감사, 기쁨, 긍정, 소망, 평안, 담대함이 생깁니다. 그 결과 기도를 통해 마음을 지키고 오늘을 살아 낼 수 있습니다. 기도하여 날마다 마음을 새롭게 하는 것이 오늘을 승리할 수 있는 비결입니다.

오직 성령의 열매는 사랑과 희락과 화평과 오래 참음과 자비와 양선과 충성과 온유와 절제니 이 같은 것을 금지할 법이 없느니라 (갈 5:22-23)

내가 네게 명령한 것이 아니냐 강하고 담대하라 두려워하지 말며 놀라지 말라 네가 어디로 가든지 네 하나님 여호와가 너와 함께 하느니라 하시니라 (수1:9)

위의 말씀은 제가 교회 사역을 처음 시작할 때 하나님께서 제게 주신 말씀입니다. 말씀을 레마로 받자마자 사역이 '쉽지 않겠다'라는 생각이 들었습니다. 왜 불길한 예감은 틀리지 않는 건지, 초반 2년까지 교회 사역이 제게는 너무나도 고통스럽고 힘들었습니다. 다양한 이유가 있었지만 제 교만을 다듬으시기 위해 하나님이 허락하신 광야의 시간이었습니다. 하나님의 뜻이제게 이루어지기 위해 허락된 환경과 부서지는 과정은 죽을 만큼 고통스러웠습니다. (내가 죽어야 내 안에 계신 그리스도께서 일하실 수 있습니다) 파트 사역으로 금, 토, 일 교회를 섬겼는데, 목요일 오후 3시 30분만 되면 심장이 두근거리고 불안했습니다. 금요일은 집 밖을 나오기 전까지 펑펑 울다 지쳐 기차를 타곤 했습니다.

과도한 스트레스로 인해 우울증과 공황장애가 생겼고, 숨 쉬는 것조차 어려울 만큼 제 몸과 마음은 피폐해졌습니다. 더 이상 사역을 할 수 없다고 판단되어 기도했습니다.

'하나님, 사역 그만 하고 싶어요.'

하나님은 '인내하라'는 감동을 주셨고 그동안 제가 기도가 밀렸다는 사실을 깨닫게 하셨습니다. 기도하긴 했어도 어려움을 극복할 만큼 차고 넘치게 기도하지 않은 제 모습을 보게 하셨고 다시 기도의 자리로 인도하셨습니다.

기도의 양이 회복되자 우울증과 공황장애가 사라졌습니다. 마음에 담대함이 생겼습니다. 외부의 스트레스를 기도로 이겨낼 수 있는 여유가 생겼습니다. 마음이 상하거나 어려운 일이 생기면 바로 기도의 자리로 달려가 엎드려 부르짖어 기도했습니다. 부정적인 감정과 스트레스를 기도로 밀어내며 사역을 감당할 수 있었습니다.

여호와께서 이르시되 내가 친히 가리라 내가 너를 쉬게 하리라
(출33:14)

몇 년 전 큰 인기를 얻은 미생이란 드라마가 있습니다. 드라마 속 배우들의 연기에서 직장인들의 많은 공감을 받은 대사들이 있습니다. 그중 하나가 '회사는 전쟁터, 밖은 지옥'이란 대사입니다. 쉽지 않은 현실을 잘 표현해 주는 것 같았습니다. 저도 공감이 되어 씁쓸해하던 기억이 있습니다. 먹고 사는 문제가 쉽지 않습니다. 그렇다고 피할 수도 없습니다. 돈을 벌고 먹고 살아야 하는 것이 죄로 인해 타락한 인간의 숙명입니다. 직장인의 90% 이상이 우울감을 경험했다고 합니다. 많은 사람들이 스트레스로 인해 마음이 어렵습니다.

스트레스를 다양한 방법으로 풀어보지만 그때뿐입니다. 결국 우리는 다시 스트레스 속으로 들어가야 합니다. 중요한 것은 스트레스를 받는 환경에서 벗어나는 것이 아닙니다. 스트레스는 평생 있기 때문에 그 속에서 이겨낼 수 있는 마음의 힘을 길

러야 합니다. 마음의 힘은 기도할 때 생깁니다. 기도할 때 하나님께서 오늘을 살아가고 승리할 수 있는 힘을 주십니다. 모든 것이 마음먹기에 달려 있다고 합니다. 중요한 것은 그 마음을 내가 먹으면 안됩니다. 자기의 마음을 믿는 사람만큼 어리석은 사람도 없습니다. 오직 기도를 통해 주님이 주시는 마음을 먹어야 합니다. 그래야 나를 지킬 수 있습니다.

02
응답받는 기도

하나님을 부르다

하나님은 전지전능 하십니다. 하나님은 우리의 모든 것을 아시고, 모든 필요와 문제를 해결할 수 있는 분이십니다.

너는 내게 부르짖으라 내가 네게 응답하겠고 네가 알지 못하는 크고 은밀한 일을 네게 보이리라 (렘33:3)

하나님은 모든 것이 가능하지만 불가능하신 것이 하나 있습니다. 바로 하나님의 말씀을 어기는 일입니다. 하나님께서 당신의 말씀을 어기는 일은 하나님 자신을 부인하는 것과 같기 때문입니다. 하나님은 우리의 문제와 모든 필요를 알고 계시고 응답하시길 원하지만, 내가 가만히 있는다고 하나님께서 모든 것을 해결해 주시지는 않습니다. 하나님이 우리에게 주신 '법'은 '너는 내게 부르짖으라'입니다. 우리가 하나님께 기도할 때 응답하신다는 말씀입니다.

'너는 내게 부르짖으라'는 말씀을 생각해보겠습니다. 우리가 흔히 '부르짖으라'하면 마음을 다해 큰 목소리로 간절히 기도하는 모습을 떠올립니다. 기도를 큰 목소리 오래 하지 않으면 하나님께서 응답하지 않으실 거란 오해도 생깁니다. 그러나 '부르짖으라'는 말씀은 우리가 생각하는 것 말고도 다른 의미를 가지고 있습니다.

'부르짖으라'의 히브리어 단어 '카라'는 '외치다'의 의미뿐만 아니라 '이름을 부르다'의 의미도 있는데 성경의 많은 부분에서 '누가 누구를 부르다'의 의미로 사용되었습니다. 예를 들어 '하나님께서 빛을 낮이라 부르시고', '여호와 하나님이 아담을 부르시며', '여호와의 이름을 부르더니' 등으로 사용된 것을 알 수 있습니다.

이로 볼 때 '너는 내게 부르짖으라'의 말씀은 '네게 응답할 능력이 있는 하나님의 이름을 부르라'고 이해할 수 있습니다. 이 말씀을 묵상하며 저는 우리와 교제하길 원하시는 하나님의 마음을 느낄 수 있었습니다. 이름을 부르는 것은 나와 상대방이 '관계'가 있다는 것을 의미합니다. 마찬가지로 하나님은 자신의 이름을 친밀하게 부르고, 하나님의 마음을 알고 인격적인 교제를 나눌 수 있는 사람들을 찾으신다는 것을 알 수 있습니다.

하나님은 온 땅에 충만하십니다. 하나님의 영광이 온 하늘을 덮었고, 모든 피조물이 하나님의 아름다운 영광을 찬양하고 있습니다. 또한, 하나님께서는 온 땅을 두루 감찰하시고 전심으로 자기를 찾는 자들이 있나 보시며 그에게 능력을 베푸신다고 말씀하고 있습니다. 멀리 계신 하나님 같지만, 성경은 하나님은 우리와 가까이 계신다고 말씀하고 있고 하나님을 가까이할 때 우리에게 가까이하신다고 약속하고 있습니다. 그렇다면 하나님을 가까이한다는 것은 무엇일까요? 바로 '기도'하는 것입니다. 하나님은 자신의 이름을 부르고 기도하는 자를 가까이하십니다. 기도는 하나님을 부르는 것부터 시작됩니다.

우리 하나님 여호와께 우리가 그에게 기도할 때마다 우리에게 가까이 하심과 같이 그 신이 가까이 함을 얻은 큰 나라가 어디있느냐 (신4:7)

저는 기도를 통해 하나님의 가까이하심을 날마다 경험하고 있습니다. 저는 참 가진 것이 없습니다. 부모님은 예수를 믿지 않으시고 저는 전도사로 교회를 섬기고 있습니다. 주위에 힘들고 어려우신 분들이 많이 있지만, 사역하는 전도사님들 중에 제가 제일 불쌍하고 연약한 것 같습니다. 적어도 다른 전도사님들의 부모님은 예수를 믿으시고 아들을 위해 기도하시기 때문입니다.

제게 있어 큰 상처는 저를 향한 부모님의 기도 부재입니다. 그래서 자녀를 위해 기도하는 성도님들을 볼 때면 한편으론 너무 부럽고, 한편으론 상처가 떠올라 씁쓸하곤 합니다. 그래서 상처의 반작용으로 저는 기도를 많이 하려고 몸부림칩니다. 현실을 비관하고, 현실의 어려움에 무너지는 것이 아니라 어려운 만큼 그 이상 부르짖어 기도하며 현실을 돌파하고 있습니다. 가난의 크기만큼 기도의 야성이 회복되는 것입니다.

첫 대로 예수를 믿으면서 하는 사역의 벽은 생각보다 높았습니다. 내가 실력이 있다고 되는 것이 아니었습니다. 씁쓸한 현실을 보고 겪을 때마다 마음은 무너졌고 제가 할 수 있는 일은 하나님 앞에 나와 엎드려 기도하는 일 밖에 없었습니다.

아무도 없는 텅 빈 예배당에 홀로 앉아 수많은 감정이 뒤섞인 탄식으로 '주님'의 이름을 부릅니다. 그런데 참 신기합니다. 주님이란 두 글자를 채 부르기도 전에 하나님의 은혜가 제게 쏟아지는 것을 경험합니다. 주님의 한없는 위로와 사랑이 저를 덮으면 다시금 자리를 훌훌 털고 일어날 수 있습니다. 현실은 고되지만 고된 현실에 마음이 묶이지 않고 걸어갈 수 있습니다. 모두 주님의 이름을 부를 때 가능합니다.

그래서 저는 '하나님', '예수님', '성령님', 삼위일체 하나님을 자주 부릅니다. 어떤 목적이 있거나 소원이 있어서 부르는 것이 아닙니다. 그저 기도의 시작이 주님의 이름을 부르는 것을 알기 때문에 자녀인 제가 아버지를 부르는 것입니다. 어떠한 미사여구를 붙이지 않고 아버지를 부르는 것만으로도 제 마음이 만족될 때가 있습니다. 그러면 된 것입니다. 기도 응답을 받기 위해 기계적으로 하나님을 부르는 것이 아닌, 하나님이 좋아서, 하나님을 떠나면 살 수 없는 것을 알기 때문에 아버지를 부릅니다. 순전한 동기로 주의 이름을 부를 때 하나님의 응답과 구원을 경험하곤 합니다.

아들을 낳으리니 이름을 예수라 하라 이는 그가 자기 백성을 그들의 죄에서 구원할 자이심이라 하니라 (마1:21)

하나님의 얼굴을 구하는 기도

성경은 우리에게 다양한 장면과 말씀을 통해 기도가 무엇인지 가르쳐 주고 있습니다. 그중 시편은 우리가 먼저 무엇을 구해야 하는지 말씀해 주고 있습니다.

…여호와를 구하는 자들은 마음이 즐거울지로다. (시105:3)

여호와와 그의 능력을 구할지어다 그의 얼굴을 항상 구할지어다 (시105:4)

우리의 소원을 아뢰는 것이 기도지만 그보다 더 중요한 기도의 목적을 시편은 우리에게 가르쳐주고 있습니다. 기도는 바로 하나님 자체를 구하는 것입니다. 그 결과, 하나님께 온전히 소유 당하고 하나님의 통치를 받는 것이 기도의 목적입니다. 우리가 육신의 필요를 위해 기도하는 이유는 현실의 문제와 결핍 때문입니다. 이는 현재 상황에 만족하지 못하는 것을 뜻하며 그로 인해 우리의 마음은 하나님이 주시는 평강과 희락을 누리지 못하게 됩니다. 인간이란 존재가 굉장히 고상한 것 같지만 사실 알고 보면 인간은 굉장히 단순하고 본능적인 존재입니다. 우리가 중독에 빠지는 이유는 중독이 기분을 좋게 하기 때문입니다. 현실의 고통과 결핍에서 벗어나 내 마음을 기쁘게 하는 것들을 추구하고 탐닉할 때 우리는 중독에 빠지게 됩니다. 마찬가지로 내가 육신의 결핍과, 문제, 욕구만을 해결하기 위해 기도하는 동기는 응답을 통하여 내 마음을 기쁘게 하기 위해서 입니다. 아무리 고상한 목적과 목표를 얘기해도 내 마음이 즐겁지 않다면 그것은 나에게 큰 의미를 주지 못합니다.

하나님의 나라는 먹는 것과 마시는 것이 아니요 오직 성령 안에 있는 의와 평강과 희락이라 (롬14:17)

태초에 죄가 세상에 들어오기 전, 아담과 하와는 그리스도 안에서 주의 성령을 따라 행하며 하나님의 통치와 다스림을 받는 영적 존재였습니다. 그들에게는 결핍과 문제가 없었습니다. 그들의 마음은 하나님이 주시는 기쁨과 평강으로 가득했습니다. (우리의 영혼이 갈망하는 것이 바로 이것입니다)

기도를 통해 결핍이 해결되고 마음이 만족되기 때문에 어떤 면에서 기도는 '회복'입니다. 결핍을 기도라는 수단을 통해 해결받고 마음을 만족시킬 수 있기 때문입니다. 생각해보면 간절한 기도 제목이 응답 되는 순간만큼 기쁜 일도 없습니다. 그런데 성경은 문제 이전에 하나님 자체를 구하라고 말씀하고 있습니다. 그렇다면 하나님을 구한다는 것은 무엇일까요? 하나님을 구한다는 것은 '기도 응답'이 아니라 '응답을 주시는 하나님' 자체를 구하라는 의미입니다. 하나님의 마음과 영광, 하나님의 뜻을 구하라는 의미인데, 너희는 먼저 그의 나라(통치, 주권, 다스림)와 의(하나님과의 바른 관계)를 구하라라는 성경 말씀과 같은 맥락입니다.

하나님을 구할 때 하나님의 통치와, 주권, 다스림이 우리의 삶 가운데 이루어지게 됩니다. 이는 성령으로 말미암아 하나님 나라가 나에게 임한 것이요, 그럴 때 비로소 내 마음에 평강과 희락이 넘친다는 좋은 소식입니다.

내 문제와 결핍, 욕심을 해결 받고자 하는 기도는 끝이 없습니다. 마치 목마른 자가 바닷물을 마시고 더 깊은 갈증에 고통스러워하는 것과 같습니다. 갈증을 해결하고자 하는 인간의 욕심은 끝이 없는데, 내면의 갈증을 해결할 수 있는 유일한 방법은 오직 생수의 근원 되신 하나님 한 분으로 채워지는 것입니다.

예수께서 대답하여 이르시되 네가 만일 하나님의 선물과 또 네게 물 좀 달라 하는 이가 누구인 줄 알았더라면 네가 그에게 구하였을 것이요 그가 생수를 네게 주었으리라 (요4:10)

저는 '임은미 선교사님'의 간증을 듣고 '하나님의 얼굴'을 구하는 기도가 무엇인지 다시한번 깊게 생각해보게 되었습니다. 선교사님의 간증 일부분을 소개하겠습니다.

제가 살고 있는 곳, '리무르'는 차 밭입니다. 제가 걸어가면 아래에서 꼬마들이 저를 올려다봅니다. 우리 교회 주일학교 아이들인데 제가 선교사인 줄 압니다. 제 이름이 '유니스'니까 아이들이 제 이름을 부릅니다. 아래에서 나를 올려다보면서 제가 지나가면 이렇게 부릅니다. '유니스~' '유니스~' 얼마나 제 이름을 부르는지 저한테 아무것도 달라고 하는 것은 없습니다. 그러나 저는 알고 있습니다. 아이들은 신발이 없습니다. 맨발로 다니거든요. 그래서 제 이름을 부를 때 저는 생각합니다. '이 아이들 신발이 없는데 신발 사줘야지'. 또 제 이름을 부릅니다. '저

녀석들 밥을 하루에 한 끼 먹는데, 밥도 좀 많이 줘야 하는데, 빵을 사줄까?' 또 유니스라며 제 이름을 부를 때 '학교가 없는 아이들을 위해 학교를 지어줄까?' 이런 생각을 합니다. 선한 생각이 계속 저에게 있다는 이야기입니다. 그런데 그 아이들 중 그 누구도 저한테 '신발 없어요. 신발 사주세요.'라고 아무도 말하지 않습니다. 그러나 제 이름을 부르는 순간순간 저 아이들 뭐가 필요한데라는 생각이 듭니다.

누구든지 주의 이름을 부르는 자는 구원을 받으리라 하였느니라
(행2:21)

하나님의 얼굴을 먼저 구할 때 우리의 모든 필요를 아시는 주님께서 자녀인 우리를 돌보는 은혜를 누릴 수 있습니다.

하나님은 우리의 필요를 아시고 응답해 주시기 원하시는 좋은 분이십니다. 그렇기 때문에 성경은 먼저 하나님을 구하라고 말씀하고 있습니다. 하나님은 모든 것을 알고 계십니다. 내 결핍과 필요를 아뢰기 전에 하나님의 이름을 부르는 것이 기도의 시작입니다. 복을 구하는 것이 아니라 복을 주시고 복의 근원되신 하나님을 먼저 구하는 것이 기도입니다.

말씀대로 하는 기도가 응답 받는다

우리가 기도 하는 이유는 응답 받기 위해서입니다. 하나님께 드리는 기도가 응답되지 않는다면 솔직히 말해서 우리는 기도할 이유가 전혀 없습니다. 기도가 응답되지 않는다면 기도하는 그 시간은 버리는 시간이 됩니다. 기도하는 대신 최선의 노력으로 생산적인 일을 하는 것이 더욱 효율적일 것입니다.

… 여호와께 부르짖으매 여호와께서 응답하셨더라 (삼상7:9)

성경은 우리에게 하나님께 기도하면 응답 받는다고 말씀하고 있습니다. 그러나 우리의 현실은 말씀과 많이 다른 것 같습니다. 성경은 기도하면 반드시 응답 받는다고 말씀하고 있지만 응답 받은 기도보다 응답 받지 못한 기도가 더 많은 것이 사실입니다. 그렇다면 둘 중 하나입니다. 하나님의 말씀이 거짓이거나 혹은 내 기도가 잘못된 것입니다.

그를 향하여 우리가 가진바 담대함이 이것이니 그의 뜻대로 무엇을 구하면 들으심이라 우리가 무엇이든지 구하는 바를 들으시는 줄을 안즉 우리가 그에게 구한 그것을 얻은 줄을 또한 아느니라 (요일 5:14-15)

성경은 하나님의 뜻대로 기도할 때 응답받는다고 약속하고 있습니다. 즉 응답받는 기도는 하나님의 말씀에 기초한 기도, 현재 나를 향한 하나님의 뜻과 마음에 합한 기도입니다. 말씀에 기초한 기도는 성경 말씀 그대로 내게 이루어지길 기도하는 것입니다. 예를 들어, 내게 지혜가 부족하다면, 지혜를 달라고 기도하면 됩니다. 그럼 하나님께서 지혜를 주십니다. 하나님이 지혜를 주지 않으시면 어떡하지? 라는 걱정을 할 필요가 전혀 없습니다. 왜냐하면, 하나님께서는 '누구든지 지혜가 부족하거든 모든 사람에게 후히 주시고 꾸짖지 아니하시는 하나님께 구하라 그리하면 주시리라' (약1:5)라고 분명히 약속하셨기 때문입니다. 성경은 하나님의 약속이기 때문에 말씀대로 기도하면 반드시 우리에게 응답이 있습니다.

너희가 내 안에 거하고 내 말이 너희 안에 거하면 무엇이든지 원

하는 대로 구하라 그리하면 이루리라 (요15:6)

종종 위의 말씀을 오해하여 '무엇이든지 원하는 대로 구하라 그리하면 이루리라'는 말씀의 일부분을 가지고 인간적인 욕심을 위해 기도하는 것을 볼 수 있습니다. 그러나 이 말씀은 나의 욕심을 이루기 위해 주신 말씀이 아닙니다.

우리가 구원받을 때 주님은 우리 안에 계시고, 우리는 주님 안에 있는 연합을 이루게 됩니다. 주님과의 연합은 날마다 나를 부인하고 십자가를 지는 신앙생활을 통해 더욱 깊어지게 됩니다. 그 결과 우리는 주님과 친밀하고 인격적인 교제를 누릴 수 있게 되고, 교제 가운데 주님의 말씀(뜻, 마음)이 내 마음에 부어지게 됩니다. 하나님의 말씀이 성령의 역사로 우리 마음에 부어지게 되면, 말씀의 지식과 더불어 그 말씀을 하신 하나님의 마음도 전해집니다. 우리를 사랑하시는 하나님의 마음이 내게 부어질 때, 우리는 환경을 초월한 기쁨과 감격을 경험하게 되고, 그 사랑에 감동되어 자원하는 심령을 가지고 주를 따를 수 있게 됩니다. 그렇기 때문에 하나님의 사랑을 경험으로 아는 자만이 (주의 뜻대로) 무엇이든지 (주께서) 원하는 대로 구할 수 있게 되는 것입니다. 이를 잘 보여준 분이 바로 예수님이십니다. 예수님의 기도는 모두 응답받았습니다. 예수님의 마음에는 하나님의 뜻이 가득했고, 이 땅에 하나님의 뜻을 이루기 위해 기도하셨습니다.

하나님의 아들이신 예수님도 이 땅에서 자신의 나라와 영광을 위해 기도하지 않고 하나님의 나라와 뜻을 위해 기도하셨다면 우리는 마땅히 하나님의 뜻을 위해 기도해야 되지 않겠습니까?

…나는 나의 뜻대로 하려 하지 않고 나를 보내신 이의 뜻대로 하려 하므로 내 심판은 의로우니라 (요5:30)

사실 위의 말씀은 제가 주님께 다룸을 받으며 받았던 말씀입니다. 저는 큰 목회를 하고 싶었습니다. 하나님의 영광과 나의 영광, 하나님의 나라와 나의 나라, 하나님의 이름과 나의 이름이 뒤죽박죽 섞여 있었습니다.

1만 명 이상 되는 대형교회를 담임하고 싶었고 열심히 준비했습니다. 그러던 어느 날 하나님께서는 제 마음의 악한 동기를 깨닫게 하셨습니다. 그 당시 저는 선교단체에서 훈련받고 있었는데 대표님의 사역 방향은 300명의 성도를 두고 목회하며, 그 이상 부흥이 되면 분리 개척을 하기 원하셨습니다.

그 말씀을 듣는 순간 제 마음이 굉장히 어려웠습니다. 솔직히 말하면 싫었습니다. 300명 데리고 목회하려고 치열하게 준비한 것이 아니었습니다. 1만 명을 데리고 목회한다는 생각을 해도 마음에 흡족하지 않았는데 300명이라니 말도 안 되는 소리였습니다. 그때 저는 처음으로 하나님이 원망스러웠습니다. 내 꿈을 하나님이 막으시는 것처럼 느껴졌습니다. 그러던 어느 날 이었습니다.

빛의 자녀들 교회를 담임하고 계시는 김형민 목사님의 설교를 듣던 중 하나님께서는 선명한 음성으로 제 마음을 두드리셨습니다.

"너는 영혼을 살리는 목회자가 되거라."

너무나도 선명한 하나님의 음성에 저는 회개할 수밖에 없었습니다. 하나님은 음성과 함께 제가 얼마나 악한 마음을 가지고 있었는지 깨닫게 해주셨습니다. 예수님도 하나님의 뜻을 위해 사역하고 기도하셨는데 내가 무엇인데 내 뜻을 위해 기도하는 가? 라는 마음을 주셨습니다. 부끄럽고 죄송스러워서 한참을 회개했고 기도가 끝나자 마음에 평안이 임했습니다. 불편하고 원망스러웠던 마음들이 눈 녹듯 사라지고 자유 해졌습니다. 하나님의 말씀(뜻)이 제게 이루어진 것이었습니다.

저는 욕심을 위해 오랜 시간 기도했지만 제 기도는 하나님의 뜻과 틀렸기 때문에 응답받을 수 없었습니다. 하나님은 제 뜻이 아닌 하나님의 뜻을 제 마음에 부어주셨고 새롭게 하셨습니다. 그래서 저는 지금도 영혼을 살리는 목회자가 될 수 있도록 기도하고 있습니다. 외형적인 건물의 확장이 아니라, 성도의 내면에서부터 살아나는 부흥을 위해 기도하고 있습니다.

행사와 프로그램으로 인간의 의를 만족시키는 사람의 일이 아닌, 한 영혼이 구원 받고, 구원을 이루어 가는 삶을 살 수 있도록 집중하고 있습니다. 숫자의 부흥 이전에 영혼이 살아나는 부흥을 위해 노력하고 있습니다.

하나님은 참 신실하십니다. 하나님의 뜻(말씀)에 맞는 기도를 드리자 사역 현장 가운데 저를 도구 삼아 영혼들을 깨우시고 살리시는 것을 봅니다.

하나님의 뜻(말씀)대로 기도할 때 우리는 응답 받을 수 있습니다. 하나님의 말씀이 거짓이 아니라 하나님의 뜻과 틀린 기도를 하는 내 마음이 거짓된 것이었습니다.

믿음이 없기 때문에 응답받지 못 한다

하루는 친한 동생과 부흥회에 참석했습니다. 강사 목사님께서 기도에 관한 말씀을 전하셨는데 동생은 자신이 기도하지 않는 이유를 깨달았다고 합니다.

"형, 제가 기도하지 않는 이유를 깨달았어요."
"왜?"
"기도해도 응답받는다는 믿음이 없었어요."

동생의 대답은 단순했지만 제게 큰 울림이 있었습니다. 학생이 공부를 못하는 결정적인 이유는 바로 공부하지 않기 때문입니다. 심은 것이 없으니 거두는 것이 없습니다. 마찬가지로 내 삶에 하나님의 응답과 도우심이 없다는 것은 반대로 기도하지 않았음을 반증합니다.

…너희가 얻지 못함은 구하지 아니하기 때문이요 (약4:2)

우리가 기도하지 않는 여러 이유 중 하나는 기도해도 응답받는다는 믿음이 없기 때문입니다. 기도하지 않기 때문에 응답받은 경험이 없고, 하나님은 응답하신다는 지식과, 응답받지 못한 삶의 괴리는 하나님에 대한 오해와 불신을 일으켜 더욱 기도하지 못하게 우리를 방해합니다.

성경은 하나님께 나아가는 자는 (기도하는 자는) 반드시 그가 살아계신 것과 (우리의 기도를 듣고 계시는 것과) 또한 자기를 찾는 자들에게 상 주실 분이심이심을 믿어야 (우리의 기도에 응답하시는 분)한다고 말씀하고 있습니다. 그런데 응답받지 못한 기도의 경험은 우리의 무의식에 의심과 불신으로 자리 잡게 되고 하나님께 나아가는 것을 방해하고 기도하지 않는 악순환을 일으킵니다.

오직 믿음으로 구하고 조금도 의심하지 말라 의심하는 자는 마치 바람에 밀려 요동하는 바다 물결 같으니 이런 사람은 무엇이든지 주께 얻기를 생각하지 말라 두 마음을 품어 모든 일에 정함이 없는 자로다 (약1:6-8)

그렇다면 여기서 질문이 하나 생깁니다. 우리에게 하나님께서 응답하신다는 믿음도 있고 믿음을 가지고 기도하면 무조건적으로 응답 받을 수 있을까요?

구하여도 받지 못함은 정욕으로 쓰려고 잘못 구하기 때문이라 (약 4:3)

성경은 구하여도 받지 못하는 기도에 대해 말씀하고 있습니다. 바로 육신의 정욕, 안목의 정욕, 이생의 자랑을 위해 구하는 기도는 하나님께서 응답하지 않으십니다. 왜냐하면, 이 땅의 정욕을 위한 기도는 세상과 벗 되고자 하는 욕심에서 기인한 것이고, 이것은 하나님과 원수가 되는 길이기 때문입니다.

간음한 여인들아 세상과 벗된 것이 하나님과 원수됨을 알지 못하느냐 그런즉 누구든지 세상과 벗이 되고자 하는 자는 스스로 하나님과 원수 되는 것이니라 (약4:4)

제 인간적이고 어리석은 욕심 중 하나는 살아생전에 빨간색 페라리를 타보는 것입니다. 제 안에 그런 욕망을 볼 때마다 날마다 나를 부인하고 십자가를 져야 한다는 주님의 말씀이 더욱 생생하게 깨달아집니다.

저는 기도하면 하나님께서 응답하신다는 믿음이 있습니다.

그러나 페라리를 달라고 기도하진 않습니다. 기도해봐야 응답받지 못한다는 사실을 알고 있기 때문입니다. 왜냐하면, 제 마음의 동기, 즉 육신의 정욕인 것을 알기 때문입니다.

그러므로 내가 너희에게 말하노니 무엇이든지 기도하고 구하는 것은 받은 줄로 믿으라 그리하면 너희에게 그대로 되리라 (막11:24)

종합해 봤을 때, 믿음을 가지고 기도한다는 것은 세상의 정욕을 향한 인간적인 신념을 하나님의 뜻대로(성경 말씀) 믿고 기도하는 것입니다. 하나님의 뜻이란 하나님의 통치와 주권, 다스림이 먼저 나에게 임하는 것입니다. 하나님이 다스리실 때, 우리의 마음에는 하나님의 소원이 가득하게 되고, 하나님의 소원대로 이루어진다는 믿음이 내 안에 생길 때, 그 믿음을 가지고 기도하면 응답받을 수 있습니다.

2000가지 기도 응답

조지 뮬러는 5만 번의 기도 응답을 받은 것으로 우리에게 잘 알려져 있습니다. 그가 5만 가지 기도 응답을 받았다는 이야기를 들을 때 자연스럽게 떠오르는 생각은 그는 기도를 많이 하는 사람이라는 것입니다. 분명 많은 응답을 받기 위해서는 많은 양의 기도가 필요합니다. 그러나 그가 기도를 많이 했다는 것보다 더욱 중요한 사실은 하나님께서 응답하실 수밖에 없는 기도를 드렸다는 것입니다.

기도의 사람으로 잘 알려진 조지 뮬러는 사실 말씀의 사람입니다. 그는 일평생 성경 200독을 했다고 합니다. 그의 마음에는 하나님의 말씀이 가득했고 하나님의 말씀에 기초하여, 말씀의 요구대로 기도했기 때문에 그는 수많은 응답을 받을 수 있었습니다.

(복 있는 사람은)...오직 여호와의 율법을 즐거워하여 그의 율법을 주야로 묵상하는도다 (시1:2)

말씀대로 기도할 때 하나님의 뜻이 이루어집니다. 하나님의 말씀은 죄로 인해 타락 전 인류의 모습을 보여줍니다. 하나님 앞에서 인간의 옳은 상태와, 바른 삶이 무엇인지 말씀을 통해 알 수 있습니다. 우리는 말씀을 통해, 말씀대로 기도할 때 하나님이 창조하신 원형의 모습으로 가까이 갈수 있습니다. 그래서 우리가 말씀대로 기도할 때 반드시 응답이 있습니다.

우리가 다 하나님의 아들을 믿는 것과 아는 일에 하나가 되어 온 전한 사람을 이루어 그리스도의 장성한 분량이 충만한 데까지 이르리니 (엡4:13)

성경은 예수님을 믿는 것만 아니라 아는 일에 하나가 되어야 한다고 말씀하고 있습니다. 예수 그리스도를 구주로 영접했다면, 예수님이 어떤 분이신지 전인격적인 삶의 경험을 통해 알아가야 합니다. 듣고 마는 지식이 아닌 삶으로 경험하는 지식을 성경은 '안다'고 말씀하고 있습니다. 예수님을 경험으로 아는 방법 중 가장 확실하고 안전한 길은 바로 '말씀'을 통해 주님을 만나는 것입니다. 말씀을 통해 하나님이 지으신 인간 원형의 모습에서 내가 얼마나 멀어져 있는지 발견하고 날마다 돌이키는 것이 신앙생활입니다. 단지 입술로 주를 고백하는 것을 넘어 전인격적인 반응으로 말씀이신 예수 그리스도를 알기 힘써야 합니다. 여호와를 알기 힘쓸 때 우리는 여호와의 선하심을 맛보아 알 수 있고 온전한 사람을 이루어 갈수 있습니다. 그리스도의 장성한 분량으로 자라는 것이 우리를 향한 주님의 뜻입니다. 말씀으로 기도할 때 말씀이신 주님을 만나게 되고 주님을 아는 지식 안에서 우리는 성장할 수 있습니다.

또 어려서부터 성경을 알았나니 성경은 능히 너로 하여금 그리스도 예수 안에 있는 믿음으로 말미암아 구원에 이르는 지혜가 있게 하느니라 (딤후3:15)

저는 2000절 성경 말씀을 암송하고 있습니다. 말씀을 암송하는 것이 굉장히 고통스럽지만 한구절 한구절 말씀이 내게 이루어지길 기도하며 심령에 새기고 있습니다. 말씀을 암송하며 믿음으로 살아내지 못한 삶과 내면의 동기를 발견하고 회개합니다. 축복의 말씀은 제 삶에 그대로 응답되길 기도합니다. 그렇기 때문에 저는 2000가지 말씀으로 기도할 수 있고, 2000가지 기도 응답을 늘 누리고 있습니다. (앞으로도 누릴 것입니다) 제계는 말씀대로 드리는 기도는 반드시 응답된다는 확실한 믿음이 있습니다. 말씀을 붙잡고 기도할 때 '응답될 것이다'라는 믿음보다 (미래), 이미 응답받았다는(과거) 강한 믿음이 제 안에 생깁니다. 왜냐하면, 제가 드리는 기도보다 하나님께서 응답하시고자 하는 소원이 더욱 크다는 것을 알기 때문입니다.

말씀으로 하는 기도는 우리를 온전한 사람으로 변화시켜 갑니다. 저는 말씀 기도의 능력을 제 삶의 변화를 보며 깨닫습니다. 나도 모르는 사이, 생각과 태도 말과 행동이 조금씩 변해 갑니다. 변화를 위한 노력을 한 것도 아닙니다. 단지 하나님의 말씀에서 벗어난 나를 발견하고 회개하고 기도했을 뿐입니다. 그렇게 어제보다 오늘, 오늘보다 내일, 말씀 기도를 통해 성숙해지는 나를 발견할 수 있습니다.

기도의 목적은 삶의 변화입니다. 유혹의 욕심을 따라 썩어져 가는 구습을 따르는 옛사람의 옷을 벗어버리는 방법은 말씀으로 옷 입는 것입니다. 하나님의 말씀대로 기도할 때 우리는 변화되고 응답받을 수 있습니다.

믿음의 기도가 응답받는다

간혹 성도님들이 제게 하시는 말씀이 있습니다.

"전도사님은 치유 은사가 있으셔서 좋으시겠어요."

저는 '치유 은사가 있다'는 얘기를 들을 때면 부끄러워서 쥐 구멍에라도 숨고 싶습니다.

왜냐하면, 저는 제게 치유의 은사가 있는지 없는지 잘 모르기 때문입니다. 정작 본인도 모르는 사실을 성도님들이 말씀해 주실 때면 그것보다 부끄럽고 두려운 얘기가 없습니다.

그렇다고 제게 치유의 은혜들이 없는 것은 아닙니다. 치유가 필요하신 분들을 만나면 하나님께서는 저를 통로 삼아 치유의 은혜를 나타내십니다. 제게 치유 은사가 있는지 없는지 잘 모르지만, 분명한 사실은 제게는 하나님께서 지금도 병든 자를 치유하신다는 확실하고도 절대적인 '믿음'이 있습니다.

믿는 자들에게는 이런 표적이 따르리니…병든 사람에게 손을 얹은즉 나으리라 하시더라 (막16:18)

성경은 치유를 은사로 분류하기도 하지만 예수님께서는 먼저 은사의 영역 이전에 믿음의 영역으로 치유를 말씀하셨습니다. 예수님을 믿는 모든 사람은 예수님이 하신 그 일도 하고, 그보다 더 큰일을 할 수 있다고 성경은 말씀하고 있습니다. 오직 내 안에 계신 '예수 그리스도의 믿음'으로 가능한 것입니다.

그러므로 내가 너희에게 말하노니 무엇이든지 기도하고 구하는 것은 받은 줄로 믿으라 그리하면 너희에게 그대로 되리라 (막11:24)

제게는 치유에 관한 재미있는 일화가 하나 있습니다. 24살, 대학생 때 DFC 선교단체에서 사역하는 무전 전도 여행에 참여한 적이 있습니다. 무전으로 시골 마을을 다니며 복음을 전하는 사역이었는데, 어느 마을에서 몸이 아프신 할머니를 만났습니다. 저는 믿는 자들에게는 치유의 표적이 따른다는 말씀을 믿고 할머니를 위해 기도했습니다. 오랜 시간을 이런저런 말씀으로 번갈아 가며 기도했지만, 할머니는 치유되지 않았습니다. 굉장히 민망하고 의심이 들었습니다. 내가 믿음이 없는 건가? 라는 생각에 의기소침해 지기도 했습니다.

시간이 흘러 하나님께서는 그때 제 실수를 깨닫게 해주셨습니다. 치유의 주체는 하나님이신데 제게는 내가 기도해서 병을 고쳐보려고 했던 '잘못된 신념'이 있었습니다. 주체가 '하나님'이 아니라 '나'였기 때문에 치유가 일어나지 않았던 것입니다. 그 후 나는 오직 통로이고 도구이며 치유는 예수님께서 하신다는 믿음이 생겼습니다. 제 안에 성경적인 믿음이 생기자 그때부터 삶의 수 많은 변화들이 일어났습니다.

'내가' 아니라 '주님이' 치유하신다는 '믿음'이 생기자 누군가를 위해 기도할 때 인간적인 생각과 힘이 사라지는 것을 경험했습니다. 당연히 나에게는 치유의 능력이 없음을 알고, 주님이 하신다는 전적인 신뢰와 주권의 이양이 생겼습니다. 그 결과 그때부터 치유의 은혜들이 하나둘씩 나타나기 시작했습니다. 목소리가 커지지도, 다양한 미사여구를 사용하지도 않았습니다. 사실 이런저런 말을 많이 하는 것은 내가 믿음이 없기 때문입니다. 빈 수레가 요란합니다. 내 안에 예수의 믿음이 가득하면 요란하지도 시끄럽지도 않습니다. 잠잠히 주님을 바라볼 때 주님께서 친히 나를 통해 역사하십니다.

기도할 때 내 안에 계신 성령의 기름 부음이 친히 아픈 성도들을 만지신다는 믿음이 생겼습니다. 가만히 아픈 곳에 손을 얹고 긍휼과 사랑의 마음으로 영혼을 바라보며 주님을 기대할 때 제 안에 계신 성령의 능력이 나타나는 것을 경험할 수 있었습니다.

제 안에 주님께서 치유하신다는 믿음이 있기 때문에 믿음대로 응답받는 것입니다. 이는 단지 치유에만 국한되지 않습니다. 삶의 모든 영역, 특히 응답받는 기도의 원리에도 동일하게 적용됩니다. 성경은 혈루증 여인을 통해 우리에게 믿음이 얼마나 중요한지 말씀해 주고 있습니다.

열두 해를 혈루증으로 앓아 온 한 여자가 있어 많은 의사에게 많은 괴로움을 받았고 가진 것도 다 허비하였으되 아무 효험이 없고 도리어 더 중하여졌던 차에 예수의 소문을 듣고 무리 가운데 끼어 뒤로 와서 그의 옷에 손을 대니 이는 내가 그의 옷에만 손을 대어도 구원을 받으리라 생각함일러라 이에 그의 혈루 근원이 곧 마르매 병이 나은 줄을 몸에 깨달으니라 (막5:25-29)

레위기 15장 19절에서 33절까지의 말씀에 빗대어 보면 이 여자는 부정한 사람입니다. 모든 사람이 율법에 근거하여 이 여자를 부정하다 손가락질했고, 그녀는 자신의 모든 재산을 탕진하며 많은 의사를 만났지만 유출병은 더욱 심해졌습니다.

모든 소망이 사라진 그녀에게 예수님의 소식이 들렸습니다.

다윗의 자손으로 오신 예수님의 옷을 만지기만 해도 자신의 병이 치유될 것이라는 믿음이 그녀에게 생겼습니다. 한번 생각해 보십시오. 예수님이 가시는 곳마다 수많은 군중이 있었습니다. 피를 유출하는 자를 만지기만 해도 부정해진다는 율법을 여자도 알고 있었을 것입니다.

여자는 예수님께 나아가는 동안 수많은 사람들과 부딪힐 것이고, 자신으로 인해 사람들이 부정해질 것을 알고 있었습니다. 그럼에도 불구하고 자신의 오랜 기도에 응답해 주실 분이 예수님이라는 믿음이 모든 상황과 현실을 초월하게 했습니다. 율법은 우리를 죽이지만 믿음은 죽음도 살리는 능력이 있습니다.

내가 보는 것은 사람과 같지 아니하니 사람은 외모를 보거니와 나 여호와는 중심을 보느니라 (삼상16:7)

저도 여인과 같은 은혜를 경험한 적이 있습니다. 17살, 우울증으로 힘들어하던 제게 주님은 빛으로 찾아오셨습니다. 어느 날, 거실에 있던 책장의 제일 아래 구석에 꽂혀있는 책에서 빛이 '반짝 반짝'나는 것을 보았습니다. 우울증으로 심신이 지쳐있던 저는 무엇에 홀린 듯 책을 집어 들었습니다. 그 책은 바로 만화로 된 성경책이었습니다. 만화로 된 성경책이었기 때문에 읽는데 부담이 없었습니다. 어린 시절 교회에서 들었던 말씀이 생각났고 무엇보다 수많은 기적들이 제 가슴을 두드렸습니다.

'교회 나가면 살 수 있다.'

'교회에 나가면 (하나님께 나가면) 살 수 있다'는 강한 확신과 기쁨이 제 마음에 가득차기 시작했습니다.

그리고 돌아오는 주일 살고 싶어서 제 발로 찾아간 교회에서 하나님은 탕자의 아버지처럼 저를 만나주셨고 구원해 주셨습니다. '교회에 나가면 살 수 있다'는 강한 믿음이 제 안에 가득했고 믿음대로 기도하고 행동하여 저는 구원 받을 수 있었습니다.

예수 안에 있는 믿음

우리의 기도가 응답받고 받지 못하고의 차이는 바로 '믿음'의 여부입니다. 그래서 우리는 다른 무엇보다도 믿음을 더욱 구해야 합니다. 성경은 지혜가 부족하거든 모든 사람에게 후히 주시고 꾸짖지 아니하시는 하나님께 구하면 지혜를 주신다고 말씀하고 있습니다. 믿음도 마찬가지입니다. 그리스도의 장성한 분량의 믿음을 위해 우리는 하나님께 기도해야 합니다.

우리 하나님과 구주 예수 그리스도의 의를 힘입어 동일하게 보배로운 믿음을 우리와 함께 받은 자들에게 편지하노니 (벧후1:1)

우리는 흔히 모든 사람의 믿음의 크기가 각각 다르다고 생각합니다. 맞습니다. 모든 사람의 믿음의 크기는 각 사람의 분량만큼 다 다릅니다. 그런데 이러한 기준은 사람의 관점입니다. 하나님이 보시는 관점은 예수 그리스도 안에서 하나님의 생명이 있는 자들은 '동일하게 보배로운 믿음'을 가지고 있다고 성경은 말씀하고 있습니다.

다시 말해서, 우리 영 안에 예수 그리스도께서 계시고, 예수 그리스도 안에 있는 믿음이 동일하다는 이야기입니다. 사도바울은 갈라디아서에서 예수 안에 있는 믿음에 대해 말씀하고 있습니다.

내가 그리스도와 함께 십자가에 못 박혔나니 그런즉 이제는 내가 사는 것이 아니요 오직 내 안에 그리스도께서 사시는 것이라 이제 내가 육체 가운데 사는 것은 나를 사랑하사 나를 위하여 자기 자신을 버리신 하나님의 아들을 믿는 믿음 안에서 사는 것이라 (갈2:20)

그리스도인이라면 모두가 아는 말씀입니다. 여기서 우리가 한 가지 상고해 봐야 될 것이 있습니다. 20절의 상반절은 내가 그리스도와 함께 십자가에 못 박혀 죽었다고 말씀하고 있습니다. 그런데 하반절은 죽었던 내가 육체 가운데 산다고 말씀하고 있습니다. 참 이상한 말씀입니다. 내가 죽었는데 죽은 내가 다시 살아나서 육체가 살고 있다고 말씀하고 있습니다. 그러나 사실 이는 번역상의 문제입니다. 이 말씀의 정확한 의미를 알기 위해서는 영어 성경의 번역을 참고하는 것이 좋습니다.

...I live by faith in the Son of God...(NIV)

개역 개정 성경은 '내가 하나님의 아들을 믿는 믿음 안에서 살아간다'고 말씀하고 있지만, NIV 성경은 '하나님의 아들 안에 있는 믿음에 의해 내가 산다'고 말씀하고 있습니다.

즉 이 말씀은 예수와 함께 십자가에서 죽고, 예수와 함께 십자가에서 부활한 구원받은 하나님의 자녀들은, 더 이상 내가 주체가 되어 예수님을 믿는 믿음으로 살아가는 존재가 아닙니다. 하나님의 자녀는 내 영 안에 계신 예수 그리스도 안에 있는 믿음으로 살아가는 존재입니다.

그렇기 때문에 하나님이 하늘에서 이 땅을 보실 때 하나님의 자녀들에게는 모두 동일한 믿음이 있는 것입니다. 그 믿음은 바로 내 안에 계신 예수그리스도의 믿음입니다.

그 이름을 믿으므로 그 이름이 너희가 보고 아는 이 사람을 성하게 하였나니 예수로 말미암아 난 믿음이 너희 모든 사람 앞에서 이같이 완전히 낫게 하였느니라 (행3:16)

베드로는 자신 안에 있었던 예수 그리스도의 믿음으로 살아간 자였습니다. 성전 미문에 앉아 구걸하던 앉은뱅이를 베드로는 기도로 일으켜 세웠습니다. 사람들이 놀라자 베드로는 '예수로 말미암아 난 믿음'이 앉은뱅이를 완전히 낫게 했다고 말씀하며 우리에게 예수 안에 있는 믿음의 비밀을 알려주고 있습니다.

한번 생각해보십시오. 초자연적인 일을 베드로는 행했습니다. 베드로는 자신의 신념이 아닌, 자신 안에 있는 예수 그리스도의 믿음을 사용했습니다. 베드로에게 왜 걱정과 불신이 없었겠습니까? 기도해서 병이 낫지 않으면 어쩌나 하는 두려움이 왜 없었겠습니까? 그런데 베드로는 마음에서 일어나는 모든 부정적인 감정과 생각을 지워 버리고 '예수 그리스도 안에 있는 믿음'을 활용했습니다. 여기에 비밀이 있습니다. 하나님의 자녀에게는 예수 그리스도 안에 있는 동일한 믿음이 이미 있습니다. 부족하거나 넘치거나 하지 않는 완전한 믿음이 예수 그리스도 안에서 우리 안에 이미 있습니다. 그렇다면 우리는 나의 믿음 없음을 고민하기 전에 어떻게 하면 예수 안에 있는 믿음을 사용할 수 있는지 먼저 고민해야 합니다. 인간적인 신념은 한계가 있지만, 주님 안에 있는 믿음은 모든 것이 가능하기 때문입니다.

예수께서 이르시되 할 수 있거든이 무슨 말이냐 믿는 자에게는 능히 하지 못할 일이 없느니라 (막9:23)

제 친구 중에는 부끄러워서 큰소리로 기도하지 못하는 친구가 있습니다. 늘 주님과 자신만 알아들을 수 있는 작은 목소리로 기도하는 친군데 그 친구에게는 작은 목소리와 달리 말씀에 대한 큰 믿음이 있습니다.

병든 사람에게 손을 얹은즉 나으리라 하시더라 (막16:18)

친구에게 제가 아픈 곳이 있어 기도 부탁을 하면 친구는 아무 말도 하지 않고 아픈 부위에 손을 얹고 가만히 있습니다. 처음에는 그런 친구가 이상하여 왜 기도하지 않느냐고 물어봤습니다. 그런데 친구의 대답은 놀라웠습니다.

'나는 부끄러워서 기도 잘못해. 그런데 손만 얹으면 주님이 고치신다니까 얼마나 다행이야.'

참 신기합니다. 요란하게 이런 저런 말을 하지도 않고 큰 목소리로 선포하지 않아도 가만히 친구가 손을 얹고 있으면 성령의 불이 임하는 것을 느낍니다. 그리고 아픈 곳의 통증이 사라집니다. 사람의 신념이 아닌 (요란한 말과 쓸데없이 큰 목소리는 믿음이 없기 때문에 인간적인 의가 드러나는 것입니다) 친구 안에 있는 예수 그리스도의 믿음이 일하신 것입니다.

하루는 제게도 친구와 동일하게 예수 그리스도 안에 있는 믿음을 사용한 은혜가 있었습니다. 교사회의 시간이었는데 청소년 여자아이 하나가 들어오더니 제게 기도를 부탁했습니다. 생리통이 심해서 참다못해 회의 중인 것을 알고도 기도를 받기 위해 들어온 것이었습니다. 아이의 믿음이 기특했고 제 믿음을 시험해 볼 수 있는 좋은 기회였습니다.

"전도사님이 그냥 손만 잡고 있을게. 주님이 고치실거야."

"아멘"

저는 아이의 손을 잡고 계속 회의를 진행했습니다. 기도를 받는 것도 아니었습니다. 믿음으로 손만 잡고 있는 아이와 아이의 손을 잡고 회의를 진행하고 있는 제 모습이 우스꽝스럽게 보일 수도 있었지만, 아이의 믿음과 제 안에 계신 주님의 믿음이 일하시니 생리통이 사라지는 은혜가 있었습니다. 할렐루야!

너희 믿음대로 되라 하시니 (마9:29)

내 안에 있는 예수 그리스도의 믿음이 일하시기 위해서는 마음에 일어나는 모든 불신과 의심, 부정적인 감정과 생각을 회개해야 합니다.

예를 들어 저는 하나님께서 병을 고치신다는 믿음이 있습니다. 그런데 참 인간이란 존재가 연약합니다. 과거에 치유되었던 질병에 대해서는 동일하게 치유될 것이라는 믿음이 있지만, 치유해보지 못한 질병에 대해서는 불신과 의심이 생깁니다. 감기는 쉬운데 암은 어려운 것 같이 느껴집니다. 예수 그리스도 안에 있는 믿음으로 보면 감기나 암이나 아무것도 아닙니다. 그런데 불신과 의심이 마음 가운데 있어 예수 그리스도의 믿음이 나타나는 것이 제한된다면 암은 하나님 할아버지가 오셔도 될까? 라는 불신이 생깁니다.

비단 치유의 문제만이 아닙니다. 우리의 인생길 가운데 겪는 모든 일도 내 믿음이 부족한 것이 아니라 의심과 불신이 문제입니다.

누구나 인생을 처음 살아갑니다. 처음 겪는 나이와 처음 가보는 길을 누구나 걷고 있습니다. 그래서 미래는 늘 불안하고 우리에게 두려움을 줍니다.

사람이 마음으로 자기의 길을 계획할지라도 그의 걸음을 인도하시는 이는 여호와시니라 (잠16:9)

두려워하지 말라 내가 너와 함께 함이라 놀라지 말라 나는 네 하나님이 됨이라 내가 너를 굳세게 하리라 참으로 너를 도와주리라 참으로 나의 의로운 오른손으로 너를 붙들리라 (사41:10)

그러나 우리 안에 계신 주님께서 우리의 앞날을 인도하시니 두려워하지 말라고 성경은 말씀하고 있습니다.

말씀하신 주님께서 우리 안에 계십니다. 주님의 믿음이 나를 통해 나타나실 때 우리의 인생은 말씀대로 되는 것입니다. 그런데 내 마음에 있는 미래에 대한 두려움, 욕심, 의심, 걱정, 근심이 주님의 믿음(말씀)을 제한합니다. 믿음은 물 위를 걷게 하는데 불신은 마른 땅도 걷지 못하게 만듭니다.

말씀에 기초한 믿음의 원리를 이해한 후 저는 하나님께 믿음을 달라고 기도합니다. 제 믿음의 분량이 작은 것이 아님을 알기 때문에 주님 안에 있는 믿음이 내 마음에 온전히 부어지길 기도하고 불신과 의심을 회개하며 나아갑니다. 그럴 때 비로소 두려움, 의심, 불신이 사라지고 하나님의 평강과 담대함이 제 마음을 통치하는 것을 경험합니다. 이 상태에서 주님의 이름으로 선포하며 기도하고 나아갈 때 하늘의 뜻이 나에게 이루어지고 기도 응답을 받을 수 있습니다.

친밀한 순종과 응답

평소 존경하던 주의 종의 설교를 들은 적이 있습니다. 하나님께서는 그분을 통해 수많은 치유를 행하셨고 자신의 영광을 친히 나타내 보이셨습니다.

하나님께서 강권적으로 그분을 쓰시는 모습을 볼 때면 하나님의 살아계심을 인정하지 않을 수 없었습니다. 그만큼 하나님께 붙들리어 쓰임 받으시는 분이었습니다.

하루는 하나님께서 행하시는 치유에 대해 설교하시던 중 의미심장한 말씀을 하셨습니다.

"제가 여러분의 이해를 돕기 위해 논리적으로 말씀드리지만, 사실 이게 무슨 소용이 있겠습니까? 하나님과 친밀하면 됩니다. 치유는 제가 하는 것이 아니라 하나님께서 저를 도구 삼아 하시는 겁니다."

맞습니다. 기사와 표적의 은혜는 사람의 능력에 있는 것이 아닙니다. 그 사람을 도구삼아 하나님께서 친히 행하시는 것입니다. 그러나 아무나 행할 수 있는 것은 아닙니다. 하나님의 자녀라면 누구나 가지고 있는 권세지만 현실을 보면 아무나 행하는 것은 아님을 알 수 있습니다.

기도 응답도 마찬가지입니다. 기도 응답은 누구나 받을 수 있는 선물이지만 아무나 받는 것은 아닙니다. 막무가내로 기도한다고 응답받는 것이 절대 아닙니다. 기도에도 말씀의 법칙과 원리가 있습니다.

나를 보내신 이가 나와 함께 하시도다 나는 항상 그가 기뻐하시는 일을 행하므로 나를 혼자 두지 아니하셨느니라 (요8:29)

내가 아버지의 계명을 지켜 그의 사랑 안에 거하는 것 같이 너희도 내 계명을 지키면 내 사랑 안에 거하리라 (요15:10)

…예수께서 눈을 들어 우러러 보시고 이르시되 아버지여 내 말을 들으신 것을 감사하나이다 항상 내 말을 들으시는 줄을 내가 알았나이다… (요11:41-42)

하나님은 예수님의 모든 말씀(기도)에 귀 기울이셨고 예수님은 하나님께 드렸던 모든 기도에 응답받으셨습니다. 그렇다면 예수님의 기도가 모두 응답받을 수 있었던 이유는 무엇일까요? 그 이유는 바로 하나님과의 친밀함에 있습니다.

예수님은 하나님이 기뻐하시는 일을 행하셨습니다. 단지 기계적인 관계로 최소한의 의무를 행하신 것이 아닙니다. 하나님의 마음과 뜻과 사랑이 예수님 안에 가득했습니다. 예수님은 행함 이전에 하나님과 인격적이고 친밀한 관계 안에 거하셨습니다. 하나님이 어떤 분인지 알았기 때문에 기쁜 마음으로 순종할 수 있으셨습니다. 예수님 안에 있던 하나님과의 친밀함 때문에 순종할 수 있었고 그 결과 기도 응답을 받을 수 있으셨습니다.

예수님의 말씀을 통해 우리가 알 수 있는 것은 하나님과 인격적인 친밀함과, 친밀함에 기초한 순종이 있을 때 기도 응답을 받을 수 있습니다. 하나님과 친밀함이 있는 자는 헛된 것을 구하지 않습니다. 하나님의 뜻에 기쁘게 순종할 정도의 믿음이 있는 자는 자기 욕심을 구하지 않습니다. 하나님의 뜻이 나에게, 나를 통해 이 땅에 이루어지길 구하기 때문에 그런 사람의 기도는 쉽게 응답받을 수 있습니다.

나의 계명을 지키는 자라야 나를 사랑하는 자니 나를 사랑하는 자는 내 아버지께 사랑을 받을 것이요 나도 그를 사랑하여 그에게 나

를 나타내리라 (요14:21)

제 친구 중에 기도 응답을 쉽게 받는 친구가 있습니다. 하나님께서 친구의 기도에 응답하시고 세밀하게 돌보시는 손길을 볼 때면 하나님의 살아계심과 사랑에 제가 은혜 받을 때도 있습니다. 친구는 자살 시도 후 성경을 읽다가 하나님을 만나게 되었습니다. 세상살이 다 힘들지만 스스로 목숨을 끊으려고 시도할 정도면 그 마음이 얼마나 아팠겠습니까? 친구는 하나님을 간절히 찾았고 구원의 은혜를 입었습니다. 하나님께서 친구의 아픈 마음을 하나씩 치료하실 때마다 친구는 하나님의 형언할 수 없는 크신 사랑을 경험했습니다. 그리고 하나님의 사랑을 아는 분량만큼 더욱 진실되게 하나님을 찾았고 더 깊은 위로와 은혜를 경험했습니다. 친구는 하나님의 사랑을 알기 때문에 하나님의 말씀이라면 울면서도 순종합니다. 제가 봐도 참 대단할 때가 많습니다. 다른 어떤 이유가 아닙니다. 하나님의 사랑을 알고, 하나님을 사랑하기 때문에 순종할 수 있는 것입니다.

그래서 친구는 하나님과 친밀한 교통이 있고 기도 응답이 있습니다. 그 중 하나가 '물질'입니다.

하나님은 종종 제가 기도할 때 친구를 향한 하나님의 사랑과 긍휼의 마음을 부어 주십니다. 거부할 수 없을 만큼 강력한 마음이기 때문에 눈물이 날 때도 있습니다. 그럴 때면 하나님은 친구에게 물질을 흘려보내라는 마음을 함께 주십니다. 한번 생각해 보십시오. 파트 사역자 월급이 얼마나 된다고 누구에게 물질을 흘려보내겠습니까? 그런데 이성을 넘어서는 주님의 마음이 부어질 때면 거부할 수 없습니다. 벌이가 얼마 되지 않아도 하나님이 주시는 감동에 따라 물질을 흘려보냅니다.

...궁핍한 사람을 불쌍히 여기는 자는 주를 공경하는 자니라 (잠 14:31)

하루는 기도 중에 친구가 수험 생활 중 김밥과 라면으로 끼니를 때웠다는 이야기가 생각났습니다. 친구는 기력이 없어 수능 전날 갈비탕을 먹었다고 합니다. 고기를 먹으니 몸에 힘이 생기고 자신을 돌보지 않는 부모님과 가난한 현실이 가슴 아팠다고 합니다. 기도 중에 문득 친구의 얘기가 떠올랐고 그 당시 친구가 느꼈던 아픈 마음이 전해져 눈물이 핑 돌았습니다. 친구에게 용돈을 보내주며 갈비탕을 먹으라는 메시지를 남겼습니다.

"웬 갈비탕이야?"

"그냥, 갈비탕 생각나서"

"신기하다. 나도 며칠 전에 갈비탕 생각나서 마음이 안 좋았
거든"

친구의 아픈 마음을 하나님은 다 아셨습니다. 하나님은 친구
의 마음을 위로하기 원하셨고 저를 통해 응답하셨습니다. 제가
잘난 것이 아닙니다. 하나님이 친구를 얼마나 사랑하시면, 친구가
하나님을 얼마나 사랑하면 저 같은 사람을 순종하지 않을 수 없
게 감동하시어 응답하시겠습니까? 하나님을 사랑하고 하나님
말씀에 순종하는 사람을 주님은 절대 내버려두지 않으시고 책임
지십니다.

사람이 귀를 돌려 율법을 듣지 아니하면 그의 기도도 가증하니라
(잠28:9)

잠언은 율법 곧 하나님의 말씀을 듣지 아니하는 자의 기도는
가증하다고 말씀하고 있습니다. 인격적인 관계의 요소 중 하나
는 소통입니다. 상대방의 말을 듣지 않는 것은 그 사람을 무시
하는 행위입니다.

그래서 예수님도 나를 사랑하는 자는 나의 말을 듣고 나를 사랑하지 않는 자는 나의 말을 듣지 않는다고 말씀하셨습니다. 상대방을 사랑하고 존중한다면 그 사람의 이야기를 귀 기울여 듣는 것은 당연한 일입니다.

하루는 교회 청년에게 함께 기도하자고 권면했습니다. 그런데 제게 돌아오는 청년의 대답은 날이 서 있었습니다.

"기도해도 응답이 없어요. 기도 안할래요."

청년의 말이 백번 이해됐습니다. 왜냐하면, 제가 하나님이어도 청년의 기도에 응답하지 않을 것이기 때문입니다. 청년이 예배를 드리는 모습을 보면 하나님을 예배하러 온 것인지 사람이 그리워서 온 것인지 시험이 들 정도였습니다. 예배 시작부터 끝까지 손에서 핸드폰을 놓지 않습니다. 말씀이 선포되는 내내 핸드폰으로 세상 오락과 유희를 추구하며 하나님을 무시하는데 하나님이 그 청년의 기도에 응답하시겠습니까? 그리고 청년이 하나님께 드리는 기도가 하나님 뜻에 합하겠습니까?

마음의 중심에서 하나님을 멀리하기 때문에 하나님과 인격적인 관계도 기도 응답도 없습니다. 손쉬운 기도 응답의 핵심은 바로 하나님과의 친밀함입니다.

응답보다 관계가 우선이다

인간적인 신념이 아닌 예수 그리스도 안에서 성령님을 통해 주어진 성경적인 믿음을 가지고 기도할 때 우리는 응답받을 수 있습니다. 또한, 믿고 마는 것이 아닌, 행하는 믿음으로 순종할 때 우리의 기도는 응답받을 수 있습니다. 그런데 여기서 주의할 점이 하나 있습니다. 그것은 바로 하나님과 인격적인 교제와 친밀함 없이, 나의 소원을 응답받기 위한 잘못된 동기로 순종하는 일입니다.

한번은 이런 일이 있었습니다. '기도 응답받는 말씀의 원리'를 설교한 적이 있었는데 누군가 저에게 이런 질문을 했습니다.

"그럼 말씀에 순종하고 기도하면 제가 원하는 소원을 응답 받을 수 있는 건가요?"

"아니요."

"왜요? 전도사님이 순종하면 기도 응답받을 수 있다고 하셨잖아요."

"순종에 전제된 조건은 하나님과 인격적인 관계입니다."

하나님께서 우리에게 원하시는 본질은 보이는 순종 이전에 내 마음과 생각이 주의 뜻에(말씀) 다스림을 받는 것입니다. 하나님께 다스림을 받는 상태가 하나님과 바른 관계이며, '의'의 관계 안에서 우리는 하나님과 친밀함을 누릴 수 있게 됩니다. 하나님과의 친밀함은 우리를 순종으로 이끌고 순종은 기도 응답의 대로를 열어줍니다.

사실, 우리의 기도 응답보다 더욱 우선되고 중요한 것은 하나님과의 인격적인 관계입니다. 왜냐하면, 우리의 궁극적인 목표가 바로 하나님과의 친밀함이기 때문입니다. 하나님을 아는 것, 하나님을 경외하고 사랑하는 것이 우리에게 원하시는 하나님의 뜻입니다.

사람아 주께서 선한 것이 무엇임을 네게 보이셨나니 여호와께서 네게 구하시는 것은 오직 정의를 행하며 인자를 사랑하며 겸손하게 네 하나님과 함께 행하는 것이 아니냐 (미 6:8)

우리가 하나님과의 인격적인 관계를 구하지 않고 기도 응답을 위한 '조건'으로써 순종한다면 그것은 성경에서 증거하고 있는 하나님을 섬기는 일이 아닙니다. 방향만 달랐지 이방 종교가 그들의 신을 섬기는 목적과 동일합니다. 바로 나를 위해서 우상을(내가 만든 하나님) 섬기는 것입니다.

...스스로 부패하여 자기를 위해 어떤 형상대로든지 우상을 새겨 만들지 말라... (신4:16)

모세가 시내산에 올라가 하나님의 말씀을 받을 때 이스라엘 백성들은 자신들을 위하고 인도할 우상을 만들었습니다. 다시 한번 강조하지만, 우상을 섬기는 동기는 우상 자체를 위한 것이 아닌 인간적인 욕심을 채우기 위해서입니다.

내가 이 땅에서 잘 먹고 잘살기 위해서 우상이 필요합니다. 내가 우상을 섬기고 그의 명령을 지키면 내가 복을 받을 수 있다고 착각합니다. 이것이 타락한 모든 사람이 가지고 있는 태도이며 모든 종교의 모습입니다.

안타깝지만 하나님을 믿는다고 하는 성도의 모습 속에서 이런 모습이 얼마나 많은지 모릅니다.

코로나 펜데믹으로 인해 많은 성도가 믿음에서 떠났습니다.

코로나 바이러스가 두려워서 당분간 믿음을 쉰다는 핑계를 대지만 사실 그것은 거짓말입니다.

코로나 바이러스가 두려워서 교회에 나오지 않는다면 직장과 학교도 가지 말아야 합니다. 그런데 교회는 나오지 않으면서 직장과 학교는 갑니다. 하나님과의 관계 즉, 영적인 일보다 이 땅에서 먹고 사는 육적인 일이 더욱 중요하기 때문에 믿음을 포기하는 것입니다. (코로나가 두렵다고 교회를 떠난 성도의 프로필 사진과 SNS는 철 따라 여행 다니는 사진이 어찌나 많은지 가슴이 다 아픕니다)

모두가 그렇다고 말할 순 없지만, 많은 경우 그 중심의 동기를 보면 이와 같은 것을 알 수 있습니다. 이 땅에서 내 유익을 위해 하나님이 필요하고, 내 결핍을 채우기 위해 예수의 이름으로 기도합니다. 그런데 코로나로 인해 인간적인 유익을 침해받기 때문에 믿음을 포기합니다. 교회가, 예수님의 이름이, 성령님의 능력이, 하나님이 나를 도와줘야 하는데 오히려 내게 해를 가하는 것처럼 세상이 미혹하니 쉽게 교회를 떠나게 됩니다. 하나님을 이방 우상처럼 섬겼기 때문에 수가 틀리면 버릴 수 있는 것입니다.

또 너희가 내 이름으로 말미암아 모든 사람에게 미움을 받을 것이나 끝까지 견디는 자는 구원을 얻으리라 (마10:22)

기도 응답을 위한 조건적인 순종은 하나님을 이방 우상처럼 섬기는 잘못으로 귀결됩니다. 하나님과 인격적인 관계가 아닌 기계적인 관계로 전락하게 되는데 이는 성경이 말씀하고 있는 하나님이 아닌 내가 만든 하나님을 섬기는 것입니다.

과거 친구와 대화를 나누던 중 저는 친구의 태도에 굉장히 불쾌한 경험을 했습니다. 친구가 말하는 하나님은 온통 이 땅에서 잘 먹고 잘살기 위해 나를 도와주는 '잡신'이었습니다.

하나님이 우리를 도와주시는 것은 사실이지만 그것은 그리스도 안에서 그의 나라와 의를 구하는 인생을 도와주는 것이지, 내 정욕을 이루기 위해 도와주시는 하나님은 아닙니다.

저는 친구에게 성경에서 말씀하고 있는 하나님이 어떤 분인지 가르쳐 주었습니다. 그런데 친구는 제 말을 듣지 않았고 오히려 안색을 붉히며 분을 내기 시작했습니다.

"네가 말하는 하나님이 내가 생각하는 하나님이랑 너무 달라."

다른 것이 아니라 틀린 것입니다. 친구가 섬기던 하나님은 자신이 이 땅에서 잘되기 위해 존재했던 우상이었습니다. 그런데 나의 욕심을 채워주는 하나님이 아니기에 화가 났던 것입니다.

우리가 하나님을 섬기고 기도하는 목적은 하나님을 더욱 알기 위해서입니다. 신랑 되신 예수 그리스도의 사랑을 신부된 우리가 깨닫고 누리기 위해 기도해야 합니다. 하나님을 인격적으로 알아가는 만큼 우리가 구하는 기도의 내용은 변하게 됩니다. 나로부터 시작된 모든 것들이 하나님에게로 주권이 이양됩니다. 기도 응답보다 중요한 것은 하나님과 인격적인 관계입니다. 하나님을 인격적으로 알수록 우리의 기도는 변화되고 응답은 풍성해집니다.

…여호와를 알자 힘써 여호와를 알자… (호6:3)

너희는 여호와의 선하심을 맛보아 알지어다… (시34:8)

행하는 믿음으로 받는 기도 응답

많은 경우 기도 응답에 있어서 흔히 하는 오해가 있습니다. 그것은 바로 하나님이 모든 것을 알아서 해결해 주신다는 잘못된 믿음입니다.

분명, 내가 어찌할 수 없는 상황 가운데 처해있다면 잠잠히 하나님의 구원을 기다리는 것이 좋습니다.

괜히 내 생각으로 판단하고 행동하는 것은 하나님의 일을 방해할 수 있기 때문입니다.

그러나 한편으로 하나님께서 내 기도에 '응답하셨다'라는 확실한 믿음이 마음에 부어지고 기도 응답과 구원을 약속하신 말씀이 성경에 기록되어 있다면 우리는 행하는 믿음으로 기도 응답의 은혜를 누릴 수 있습니다.

수 일 후에 예수께서 다시 가버나움에 들어가시니 집에 계시다는 소문이 들린지라 많은 사람이 모여서 문 앞까지도 들어설 자리가 없게 되었는데 예수께서 그들에게 도를 말씀하시더니 사람들이 한 중풍병자를 네 사람에게 메워 가지고 예수께로 올새 무리들 때문에 예수께 데려갈 수 없으므로 그 계신 곳의 지붕을 뜯어 구멍을 내고 중풍병자가 누운 상을 달아내리니 예수께서 그들의 믿음을 보시고 중풍병자에게 이르시되 작은 자야 네 죄 사함을 받았느니라 하시니 (막 2:1-5)

중풍병자는 예수님께서 자신의 마을에 오신다는 소식을 들었습니다. 예수님이 가시는 곳마다 수많은 병자가 고침 받는 소식을 그는 들었습니다. 믿음은 들음에서 나기 때문에 예수님의 치유에 대한 소문은 그에게 믿음으로 자리 잡았고 강렬한 소망이 생겼습니다.

"나도 예수님을 만나면 구원(치유)받을 수 있다."

중풍병자를 데리고 간 네 사람이 그의 친구인지 아니면 부탁을 받은 사람인지는 알 수 없습니다. 그러나 여기서 중요한 것은 그들의 반응입니다. 한번 생각해보십시오. 침상에 누운 중풍병자를 네 사람이 들고 왔습니다. 그런데 예수님이 머문 곳에는 많은 사람들이 모여 있었고 문으로 들어갈 수 없었습니다. 만일 그들이 중풍병자의 부탁을 받고 예수님 앞에 데리고 온 것이라면 '이만하면 됐다'는 생각으로 포기했을 수도 있습니다. 하지만 그들은 달랐습니다. 지붕을 뜯어 구멍을 내고 중풍병자가 누운 상을 달아 예수님 앞에 내렸습니다. 자신들의 처한 상황과 환경을 뛰어넘는 믿음이 그들 안에 있었기 때문에 가능한 행동이었습니다.

예수님은 이런 그들의 믿음을 보시고 중풍병자를 구원하셨습니다. 굉장히 무례한 행동이었지만 내면의 동기가 자신을 향한 믿음이라는 것을 예수님은 아셨습니다.

그들 안에는 예수님께 나아가면 치유 받을 수 있다는 믿음이 있었습니다. 단지 침상에 누워서 주님의 이름을 부른 것이 아니라 구원하실 예수님 앞으로 나아갔습니다. 행하는 믿음 가운데 기도 응답을 받은 것입니다.

영혼 없는 몸이 죽은 것 같이 행함이 없는 믿음은 죽은 것이니라
(약2:26)

제 기도에 하나님이 응답하셨던 방법을 돌아보면 크게 두 가지로 나눌 수 있습니다. 상황을 변화시켜서 응답하시거나 제가 믿음으로 행할 때 응답받을 수 있었습니다.

제 첫 번째 책 '옥상에서 만난 하나님'은 '행하는 믿음'으로

순종했을 때 응답받은 경우입니다. 제 오랜 기도 제목 중 하나는 책을 출간하는 것이었습니다. 20대 초반부터 10년이란 시간 동안 늘 기도하며 하나님의 응답을 구하던 어느 날 원고를 써도 된다는 감동을 받았습니다.

참 신기했습니다. 응답을 받고 원고를 쓰기 시작하니 약 3주 만에 초고가 완성되었습니다. 글을 쓰는 동안 성령의 기름 부음을 느낄 수 있었고 하나님이 하신다는 감동을 꾸준히 받았습니다.

퇴고를 마치고 설레는 마음으로 기독교 대표 출판사에 출간 의뢰 메일을 보냈습니다. 하나님의 감동을 받고 글을 썼기 때문에 당연히 계약이 성사될 줄 알았습니다. 그런데 그건 제 착각이었습니다. 출판 계약은 성사되지 않았습니다. 낙담한 저는 '그럼 그렇지 내가 뭔데 책을 써?'라며 자책했고 원고는 흐지부지 잊혀지게 됐습니다. 그렇게 5개월의 시간이 지난 어느 날, 예배를 준비하던 제게 집사님 한 분이 말씀하셨습니다.

"전도사님 책 언제 나와요?"

"준비하고 있습니다."

"빨리 출간됐으면 좋겠어요. 얼른 읽고 싶어요."

"기도해주세요. 집사님."

저는 책에 대해 말씀드린 기억이 없는데 집사님은 저도 잊고 있던 책에 대해 말씀하셨습니다. 며칠이 지났습니다. 또 다른 집사님께서 제게 동일한 말씀을 하셨습니다.

"전도사님 책 나왔어요?"

순간, 집사님의 말씀이 하나님의 음성처럼 들렸습니다. 미루었던 원고 작업을 다시 해야겠다는 마음이 들었습니다. 하나님께서는 평소 저를 아껴주시던 집사님을 통해 책에 대해 다시 한 번 듣게 하셨습니다.

"전도사님 제 지인이 있는데 책에 대해 도움을 줄 수 있어요. 원고를 드려도 될까요?"

"네 집사님."

저는 집사님의 지인을 통해 원고 피드백을 받았습니다. 세 가지 사건이 2주 안에 일어났습니다. 성경은 '뜻 없는 소리는 없다'고 말씀하고 있는데 집사님들의 말씀이 마치 하나님의 음성같이 들렸고 저는 믿음으로 취하고 당장 행동했습니다.

이러므로 우리가 하나님께 끊임없이 감사함은 너희가 우리에게 들은 바 하나님의 말씀을 받을 때에 사람의 말로 받지 아니하고 하나님의 말씀으로 받음이니 진실로 그러하도다 이 말씀이 또한 너희

믿는 자 가운데서 역사하느니라 (살전2:13)

다시 원고를 다듬기 시작했습니다. 될까? 라는 의심이 끝없이 올라 왔습니다. 출판시장이 어렵다는 이야기를 줄곧 들었습니다. 유명한 목사님이 책을 쓰셔도 어려운 현실인데 무명의 전도사가 책을 쓴다는 것은 말이 되지 않는다고 하셨습니다. 부정적인 이야기를 들을 때마다 사람이다 보니 낙담될 때도 있었습니다. 그러나 하나님이 주셨던 감동과 싸인 들이 선명했기 때문에 저는 하나님의 말씀을 선택했고 행동했습니다. 책을 쓰는 모든 과정이 제 믿음을 시험해볼 수 있는 시간이었습니다. 제게 주신 하나님의 감동이 성취되는지 아니면 세상의 부정적인 소리가 성취되는지는 제 반응에 달려 있었습니다. 결국 하나님의 은혜로 출판이 성사되었습니다. 하나님이 주신 감동을 믿고 행할 때 얻을 수 있던 기도 응답이었습니다.

이와 같이 행함이 없는 믿음은 그 자체가 죽은 것이라 (약2:17)

또한, 지금 독자분들이 읽고 계신 이 책도 동일하게 행하는 믿음으로 반응할 때 응답받은 것입니다.

제게는 기도에 관한 책을 쓰고 싶다는 소원이 늘 있었습니다. 첫 번째 책 '옥상에서 만난 하나님'이 출간되면 기도 관련 책을 쓰겠다는 마음을 품고 기도하고 있었습니다. 책 '옥상에서 만난 하나님'의 출간 계획이 성사된 다음날 하나님께서는 빠르게 제 마음을 감동하셨습니다.

금요일 사역자 회의가 끝나고 선배 목사님과 식사를 하게 됐습니다. 목사님께서 식사 중 제게 말씀하셨습니다.

"노 전도사님이 시간적으로 여유 있을 때 기도에 관한 책을 써보면 좋을 것 같아요."

"아멘"

놀라웠습니다. 제 소원과 동일한 말씀을 목사님께서 하셨습니다. 제게 목사님의 말씀은 사람의 소리가 아닌 하나님의 음성으로 들렸고 저는 당장 그날부터 순종했습니다. (이 글을 쓰는 오늘은 21년 5월 6일입니다. 믿음으로 책이 출판될 것을 선포하고 미리 감사드립니다)

내 형제들아 만일 사람이 믿음이 있노라 하고 행함이 없으면 무슨 유익이 있으리요 그 믿음이 능히 자기를 구원하겠느냐 (약2:14)

새롭게 하소서

하나님께서 우리에게 주시는 기도 응답은 그 모양과 방법이 다양합니다. 가만히 주님의 응답을 기다려야 할 때가 있고, 믿음으로 취하고 행동할 때가 있습니다. 그런데 많은 경우 하나님께서 우리에게 이미 응답하셨고 행함으로 응답의 은혜를 누리길 원하시는데 우리는 하나님을 오해하여 기도 응답이 지연되거나 세월을 낭비하는 것을 볼 수 있습니다. 마치 감나무 밑에서 감이 떨어지길 기다리는 어리석은 자처럼 반응하는 것입니다. 감은 따먹는 것이지 떨어질 때까지 기다리는 것이 아닙니다. '순종하라'는 하나님의 감동이 있거든 반드시 즉각 순종해야 합니다. 그때 우리는 하나님의 응답을 경험할 수 있습니다.

자유롭게 하는 온전한 율법을 들여다보고 있는 자는 듣고 잊어버리는 자가 아니요 실천하는 자니 이 사람은 그 행하는 일에 복을 받으리라 (약1:25)

제 간증을 듣거나 혹은 제 책을 읽으신 분들이 공통적으로 하시는 말씀이 있습니다.

'전도사님도 새롭게 하소서 출연했으면 좋겠어요.'

많은 분들이 애청하는 CBS 간증 방송에 저도 출연하면 좋겠다는 성도들의 목소리가 있었습니다. 그런 얘기를 들을 때면 저는 멋쩍게 웃곤 했습니다. 과연 내가 출연할 수 있을까? 내가 뭔데? 라는 의기소침한 마음이 있었습니다. 그런 얘기를 들을 때면 '기도해주세요'라는 말로 답을 대신하곤 했습니다. 그러던 어느 날이었습니다.

'전도사님 새롭게 하소서 출연하셔야죠.'

교회 집사님께서 지나가시며 저를 격려하기 위해 하셨던 말씀이 그날따라 다르게 들렸습니다. 제 가슴을 '쿵'하고 말씀이 두드리는 것을 느꼈습니다. 전에 같았으면 듣고 흘렸을 이야기가 며칠이 지나도 제 귓가에서 떠나지 않고 맴돌았습니다. 마음에 부담이 생기기 시작했습니다. 제가 할 수 있는 행동을 취해야 했습니다.

CBS 방송국에 제가 쓴 책과 편지를 보냈습니다. 내 의를 드러내는 것은 아닌가? 라는 두렵고 떨리는 마음이 있어 몇 번을 고민했는데 사람의 소리가 아닌 하나님의 음성으로 들렸기에 순종해야 했습니다.

솔직히 말하면 밑져야 본전이라는 생각이었습니다. 잃을 것이 없었기 때문에 한편으론 담대했습니다. 그러던 어느 날 모르는 번호로 여러 통의 부재중 전화가 와있었습니다. '새롭게 하소서' 작가라는 메시지와 함께 섭외 요청을 위한 문자가 와 있었습니다. 할렐루야!

작가님과 사전 인터뷰를 진행하며 저는 하나님께서 응답하시기 위해 제게 감동하셨다는 사실을 다시 한번 확증 받을 수 있었습니다. 작가님의 말씀은 이러했습니다.

"전도사님, 종종 출연 요청을 위해 책을 보내시는 분들이 계세요. 그런데 모든 분이 출연하시는 것은 아니에요. 전도사님 책을 읽고 마음에 감동되어 연락드리게 되었어요. 하나님이 하신 거예요."

만약 제가 하나님의 감동을 무시하고 행동하지 않았다면 방송 출현 기회는 없었을 것입니다. 마음에 소원만 가지고 기도만 했더라면 결코 하나님의 은혜를 경험하지 못했을 것입니다.

인내로 받는 기도 응답

하나님께 드리는 기도는 모두 응답받습니다. 단지 기도 응답에 대한 하나님의 시선과 우리의 시선에 차이가 있을 뿐입니다. 우리의 기도가 응답받지 못했다고 느끼는 두 가지 이유는 '이 땅의 관점'과 '이 땅의 시간'으로 하나님의 응답을 재단하기 때문입니다.

하나님의 뜻대로 구하지 않고 정욕으로 구한 기도는 응답받지 못합니다. 왜냐하면, 하나님 보시기에 응답할 이유가 전혀 없기 때문입니다. 좀 더 정확히 말하면 하나님께 드린 기도가 나에게 유익이 전혀 없고 오히려 해가 되기 때문입니다. 응답받지 못한 기도가 바로 응답이고 나를 향한 하나님의 사랑입니다.

또 다른 경우가 있습니다. 하나님의 뜻대로 기도하고 응답의 확신도 받았지만 지금 당장 이루어지지 않은 경우입니다. 우리는 지금 당장 눈앞에 응답이 이루어지는 것이 선이라고 생각합니다. 그러나 이것은 하나님의 시간과 사람의 시간 개념을 이해하지 못해서 생기는 오해입니다. 우리가 하나님의 뜻대로 기도할 때 하나님께서는 이미 응답하셨습니다.

이미 응답하셨다는 말은 하늘에서 하나님의 뜻이 이루어졌다는 것을 의미합니다. 그러나 하늘에서 이루어진 뜻이 이 땅에서 이루어지기 위해서는 경우에 따라 인내의 시간이 필요합니다. 인내의 시간 동안 하나님께서는 나의 인격과 삶을 변화시켜 가십니다. 이미 받은 기도 응답을 누릴 수 있는 정결한 그릇으로 나를 빚어 가시는 시간이 필요합니다.

요셉이 꿈을 꾸고 자기 형들에게 말하매 그들이 그를 더욱 미워하였더라 요셉이 그들에게 이르되 청하건대 내가 꾼 꿈을 들으시오 우리가 밭에서 곡식 단을 묶더니 내 단은 일어서고 당신들의 단은 내 단을 둘러서서 절하더이다 그의 형들이 그에게 이르되 네가 참으로 우리의 왕이 되겠느냐 참으로 우리를 다스리게 되겠느냐 하고 그의 꿈과 그의 말로 말미암아 그를 더욱 미워하더니 요셉이 다시 꿈을 꾸고 그의 형들에게 말하여 이르되 내가 또 꿈을 꾼즉 해와 달과 열한 별이 내게 절하더이다 하니라 그가 그의 꿈을 아버지와 형들에게 말하매 아버지가 그를 꾸짖고 그에게 이르되 네가 꾼 꿈이 무엇이냐 나와 네 어머니와 네 형들이 참으로 가서 땅에 엎드려 네게 절하겠

느냐 그의 형들은 시기하되 그의 아버지는 그 말을 간직해 두었더라
(창37:5-11)

하나님께서는 17세 소년 요셉에게 장차 일어날 일들에 대하여 꿈으로 보여주셨습니다. 우리가 다 아는 것처럼 하나님께서는 요셉을 애굽의 총리로 세우셔서 이스라엘 백성을 구원할 계획을 가지고 계셨습니다. 이것은 이미 하늘에서 이루어진 하나님의 응답이고 뜻이었습니다. 그러나 하나님의 뜻이 요셉에게 이루어지기 위해서는 10년이 넘는 연단의 시간이 필요했습니다. 형들에 의해 애굽의 종으로 팔려간 요셉, 보디발의 아내에게 억울한 누명을 쓰고 옥에 갇힌 요셉의 인생을 우리는 잘 알고 있습니다.

이에 요셉의 주인이 그를 잡아 옥에 가두니 그 옥은 왕의 죄수를 가두는 곳이었더라 요셉이 옥에 갇혔으나 여호와께서 요셉과 함께 하시고 그에게 인자를 더하사 간수장에게 은혜를 받게 하시매 간수장이 옥중 죄수를 다 요셉의 손에 맡기므로 그 제반 사무를 요셉이 처리하고 간수장은 그의 손에 맡긴 것을 무엇이든지 살펴보지 아니하였으니 이는 여호와께서 요셉과 함께 하심이라 여호와께서 그를 범사에 형통하게 하셨더라 (창39:20-23)

여러분 한번 생각해보십시오. 어린 소년의 마음에 얼마나 큰 상처와 억울함이 있었겠습니까? 자신의 잘못과 상관없는 일에 대한 누명과 억울함이 요셉의 마음을 힘들게 했을 것입니다.

형들에게 버림받은 거절감, 부모에 대한 그리움, 어두운 옥에 갇혀 있는 자신의 비참한 처지, 알 수 없는 미래에 대한 불안은 하나님을 향한 원망으로 바뀔 수도 있었습니다.

그러나 옥에 갇힌 노예 요셉에게는 원망보다 큰 하나님의 은혜가 있었습니다. 성경에는 하나님이 요셉과 함께하시고 은혜를 입었다고 말씀하고 있습니다. 요셉의 아픈 마음을 하나님은 다 아셨습니다. 그리고 그 누구보다 요셉을 사랑하시고 그를 위로하길 원하셨습니다. 상하고 아픈 마음으로 신음하는 요셉을 하나님은 위로하셨고 그를 만져 주셨습니다. 그렇기 때문에 요셉은 끝까지 하나님을 향한 믿음을 지킬 수 있었습니다. 우리가 하나님께 나아갈 수 있는 이유는 하나님의 사랑과 위로가 먼저 우리에게 있었기 때문입니다.

그러나 노아는(요셉은) 여호와께 은혜를 입었더라 (창6:8)

하나님은 악을 선으로 바꾸시는 분입니다. 역전의 하나님께서 요셉과 함께 하셨습니다. 요셉이 갇힌 곳은 일반 죄수를 가두는 옥이 아닌 왕의 죄수를 가두는 곳이었습니다. 옥의 간수장은 옥중 죄수를 요셉의 손에 맡겼습니다. 그 시간 동안 요셉은 옥의 제반 사무를 처리하며 총리로 살아갈 지혜와 지식을 준비할 수 있었습니다. 요셉은 알지 못했으나 하나님은 자신의 선한 뜻을 이루시기 위해 요셉을 준비시키는 시간을 갖고 계셨습니다.

성경은 여호와께서 요셉을 형통하게 하셨다고 말씀하고 있습니다. 참 이상합니다. 아무리 생각해도 요셉이 처한 환경은 형통하지 않습니다. 백번 양보해서 하나님이 함께하시기 때문에 형통하다고 말할 수 있지만 '형통'이란 단어가 주는 분위기와 요셉의 상황은 거리가 있습니다.

그러나 '형통'이란 단어의 히브리어 원어를 보면 우리가 생각하는 의미와 다른 뜻이 있다는 것을 알 수 있습니다.

'형통'이란 단어는 유익하다, 번영하다라는 의미뿐만 아니라 '앞으로 돌진하다' '~을 건너가다'라는 의미도 포함하고 있습니다. 즉 하나님이 함께하심으로 요셉이 현재의 고난을 돌파하는 것을 나타내고 있는 것입니다. 내가 이 땅에서 잘되고 잘 먹는 것이 형통이 아닙니다. 비록 내가 처한 상황이 고될지라도 하나님께서 나와 함께 하시고 현실의 문제를 해결해 가시는 모든 여정을 성경은 '형통하다'고 정의하고 있습니다.

요셉이 애굽 왕 바로 앞에 설 때에 삼십 세라... (창41:46)

17살 어린 소년이 30세가 되기까지 수많은 사건과 아픔을 겪었습니다. 그러나 요셉의 모든 삶 가운데 하나님은 함께하셨고 하나님의 뜻을 이루는 통로로 쓰시기 위해 차근차근 요셉을 준비시키셨습니다. 세상의 기준으로 보면 망한 인생이지만 하나님의 눈으로 볼 때 성공한 인생이었습니다.

10년이 넘는 시간 동안 하나님께서는 요셉을 준비시키셨습니다. 요셉의 마음을 연단하셨고 하나님을 더욱 바라볼 수밖에 없는 환경을 만드시며 그의 믿음을 성장시키셨습니다. 옥에 갇힌 시간 동안 총리로 살아갈 지식과 지혜를 닦는 시간을 갖게 하셨고 모든 것이 이루어지자 하나님은 완전한 때에 요셉을 높이시며 하나님의 뜻을(응답) 이 땅에 이루셨습니다.

...우리는 진흙이요 주는 토기장이시니 우리는 다 주의 손으로 지으신 것이니이다 (사64:8)

하나님은 우리의 기도에 응답하십니다. 그러나 지금 당장 응답 받는다면 오히려 나에게 독이 될 수 있습니다. 응답을 수용할 만한 그릇으로 준비되지 않았기 때문입니다. 그렇기 때문에 하늘 에서 이미 이루어진 응답을 누리기 위해서는 하나님의 손에 빚어지는 시간이 필요합니다. 그 과정을 통해 우리는 깨지고 무너지고 부서지는 것 같은 고통과 인내의 시간을 보낼 수도 있 습니다. 마치 진흙이 토기장이의 손에 빚어지는 것과 같습니다. 그러나 하나님의 연단을 통과할 때 우리는 정결한 그릇으로 주님의 응답을 담아낼 수 있고, 은혜를 누릴 수 있습니다. 비록 응답이 더딘 것 같더라도 기도는 반드시 응답 됩니다. 우리는 그저 믿고 인내하며 나를 만들어 가면 됩니다.

인내로 만들어지는 그릇

요셉뿐만 아니라 성경의 많은 인물들이 인내를 통해 자신을 향한 하나님의 계획과 뜻이 이루어지고 응답받을 수 있었습니다. 어린 소년이었던 다윗은 사무엘 선지자를 통해 왕의 기름 부으심을 받았습니다. 그러나 바로 왕이 된 것이 아닙니다. 왕의 기름 부음을 받고 양을 치러 갔으며 왕으로 등극하기까지 오랜 기간 동안 다윗은 광야를 통과해야 했습니다. 광야를 통해 하나님을 더욱 깊이 만날 수 있었고 믿음이 성장했습니다. 광야의 시간을 통해 하나님은 목동 다윗이 아닌 왕으로서 하나님의 뜻을 이룰 수 있는 다윗을 준비시키셨습니다. 인내로 다윗은 자신을 향한 하나님의 뜻을 응답받을 수 있었습니다.

다윗이 나이가 삼십 세에 왕위에 올라 사십 년 동안 다스렸으되 헤브론에서 칠년 육개월 동안 유다를 다스렸고 예루살렘에서 삼십삼 년 동안 온 이스라엘과 유다를 다스렸더라 (삼하5:4-5)

성경에서 인내를 말할 때 빠질 수 없는 인물이 있습니다. 바로 모세입니다. 저는 모세를 볼 때마다 참 많은 생각과 묵상을 하곤 합니다. 광야의 40년 동안 낮아지고 부서지는 시간을 통과하며 모세의 마음이 얼마나 아프고 무너졌을까? 라는 생각을 하곤 합니다. 절대 쉽지 않았을 겁니다. 모세를 통한 이스라엘 출애굽을 하나님은 예정하셨고 모세를 준비시키셨습니다. 모세는 40년 왕궁의 삶을 통해 최고의 학문을 교육받았습니다. 이는 후에 하나님께서 주시는 율법을 깨닫고 성문화할 수 있는 능력과 200만이 넘는 이스라엘 백성들을 지도할 수 있는 능력을 갖추기 위한 시간이었습니다.

그러나 사람의 '의'와 '열심'으로는 하나님의 일을 할 수 없습니다. 하나님은 모세를 낮추시기 위해 광야의 시간을 허락하셨습니다.

40년의 왕궁 생활과 대비되는 40년의 광야 생활을 모세는 경험했습니다. 낮아지고 부서지다 못해 비참한 마음이 들었을 것입니다. 한순간의 사건을 통해 왕자에서 목동으로 전락했습니다. 40년이란 시간을 우리가 성경을 통해 읽으니 크게 와 닿지 않습니다. 그러나 모세 자신에게는 얼마나 길고도 긴 시간이었겠습니까? 미래가 보이지 않고 꿈을 잃어버릴 만큼의 긴 시간이었습니다. 그렇게 모세는 꿈도 자아도 버리는 무의 상태까지 자기를 부인하는 시간을 가졌습니다. 그리고 40년이 차자 하나님께서는 모세를 부르십니다.

그는 그의 형제들이 하나님께서 자기의 손을 통하여 구원해 주시는 것을 깨달으리라고 생각하였으나 그들이 깨닫지 못하였더라 (행 7:25)

모세가 하나님께 아뢰되 내가 누구이기에 바로에게 가며 이스라엘 자손을 애굽에서 인도하여 내리이까 (출3:11)

이제 가라 내가 네 입과 함께 있어서 할 말을 가르치리라 모세가 이르되 오 주여 보낼 만한 자를 보내소서 (출4:12-13)

자신의 의가 가득했던 40살의 왕자 모세는 자기의 지식과 권세로 이스라엘 백성을 구원할 수 있다고 생각했습니다. 그러나 40년 광야 기간 동안 자신의 의는 사라졌고 80살 노인 모세는 '나는 할 수 없습니다'라는 고백을 합니다. 입술의 고백은 마음에 가득한 것을 내뱉는 것입니다. 즉 무너지고 무너지다 못해 스스로 무가치한 존재로 인식될 만큼 모세는 낮아졌습니다. 그런 모세를 통해 하나님은 큰 구원계획을 행하십니다. 내가 낮아지고 죽는 만큼 하나님께서 우리를 통해 자신의 일을 행하실 수 있습니다.

이 사람 모세는 온유함이 지면의 모든 사람보다 더하더라 (민12:3)

성경은 세상 사람들 중 모세가 가장 온유한 사람이라고 정의하고 있습니다. '온유'라는 단어는 야생마가 주인의 손길에 길들여진 상태를 의미합니다. 즉 하나님이 쓰시기에 가장 편한 사람이 바로 모세였습니다.

40년의 광야 시간동안 하나님께서는 모세를 연단시켰습니다. 출애굽이라는 인류 역사의 획을 긋는 하나님의 큰일을 행하기 위해서는 그만큼 긴 연단의 시간이 필요했습니다.

하나님은 우리에게 기도 응답을 주시기 전에 응답의 복을 누릴 수 있는 믿음과 인격을 만들어 가십니다. 정결한 그릇에 하나님의 복이 담겨야 온전히 누릴 수 있습니다. 내가 준비되지 않았는데 기도가 응답 된다면 그것은 저주이지 축복이 아닙니다.

진흙으로 만든 그릇이 토기장이의 손에서 터지매 그가 그것으로 자기 의견에 좋은 대로 다른 그릇을 만들더라 (렘18:4)

제가 모세 이야기를 읽을 때마다 감정이 이입되는 이유는 저도 광야의 시간이 얼마나 고통스러운지 알고 있기 때문입니다. 22살, 하나님께서 저를 주의 종으로 부르셨습니다. 저는 소위 말하는 목회 성공을 위해 20대의 많은 시간을 기도와 말씀에 투자했습니다. 매일 평균 8시간 이상 기도했고, 2000절 가까이 되는 성경 말씀을 암송할 만큼 철저히 준비했습니다. 그 누구보다 영적으로 준비했고 실력이 있었습니다. 파트 전도사가 사역 현장에서 병을 고치고, 기도하면 성령이 임하시는 사도행전을 써가며 사역했지만, 하나님의 뜻은 달랐습니다. 현실은 냉혹했습니다. 교회 사역을 시작하면 큰 부흥이 임할 줄 알았는데 부흥은 커녕 환난과 핍박이 저를 기다리고 있었습니다.

하나님께서는 20대의 저에게 기도와 말씀으로 철저하게 준비할 것을 요구하셨습니다. 그리고 사역이 시작되자 저를 철저하게 낮추셨습니다. 하나님께서는 교회 사역이 '광야'라는 응답을 주시며 저를 준비시키는 시간이라고 하셨습니다. '공황 장애'가 찾아올 만큼 제게 '광야 교회'는 처절하게 부서지고 무너지는 고통스러운 시간이었습니다. 과도한 스트레스로 인해 일상생활이 어려울 지경이었습니다. 고통스러워서 도망가고 싶었고, 사역지를 옮기기 위해 기도했을 때 하나님은 전혀 생각지도 못한 말씀으로 응답하셨습니다.

예수께서 돌이키시며 베드로에게 이르시되 사탄아 내 뒤로 물러가라 너는 나를 넘어지게 하는 자로다 네가 하나님의 일을 생각하지 아니하고 도리어 사람의 일을 생각하는도다 하시고 (마16:23)

처음으로 주님에게 '사탄'이라는 소리를 들었습니다. 그 이유는 '광야 교회'의 시간 동안 제가 만들어지기 원하시는 모습이 있는데 저는 하나님의 뜻과 상관없이 단지 힘들다는 이유로 도망가려고만 했기 때문입니다.

이 교회를 통해 내가 만들어지기 원하는 하나님의 뜻이 있다는 선명한 응답과 함께 인간적인 생각으로 사역지를 옮기면 그곳은 더 힘들 것이라는 마음을 주셨습니다. 죽이 되던, 밥이 되던, 버텨야 했고, 돌파해야 했고, 만들어져야 했습니다. 그때부터 제 시각이 변하기 시작했습니다. 힘든 현실에 집중 하는 것이 아닌 하나님께서 내게 요구하시는 모습이 무엇인지 여쭤 보고 찾길 원했습니다.

그러던 어느 날 성령님께서는 담임목사님의 설교 말씀을 통해 저를 향한 하나님의 뜻을 알게 하셨습니다.

담임 목사님의 설교를 통해 교만이 하나님 앞에서 정말 가증한 죄악이라는 깨달음을 주셨습니다. 머리로 아는 지식이 아니었습니다. 얼굴이 빨개질 만큼 그동안 교만했던 제 모습을 하나님께서 조명해 주셨고 벌거벗은 것과 같은 수치심이 생겼습니다.

'나는 기도 많이 해', '나 같이 말씀 암송하는 목회자 없어.' '나 같이 설교 하는 사람도 없어' 등 겉으론 겸손한 척했지만, 중심은 교만했던 제 외식을 깨닫게 하시고 통곡하며 회개하게 하셨습니다.

저는 배경이 초라하기 때문에 '나는 연약합니다'라는 고백을 자주 하곤 했습니다. 그런데 제 마음속 깊은 곳에서는 나는 연약하지만 나는 부족하지 않아 내가 너보다 훨씬 낫다는 교만한 마음이 있었습니다. 그래서 '연약하다'라는 표현은 많이 했지만 '부족하다'는 고백은 하지 않았습니다. 지는 것 같아 싫었기 때문입니다.

그러나 교만을 깨닫게 하신 후, 저는 연약하고 부족한 사람이라는 고백을 자주 하게 됐습니다. 날마다 자기 전 침대에 누워 '주님의 겸손으로 겸손하게 하소서'라는 기도를 하곤 합니다. 외식이 아닌, 나는 교만한 사람이기 때문에 날마다 기도하여 주님의 겸손으로 옷 입어야 함을 처절하게 깨달았기 때문입니다.

'겸손'이라는 하나님의 뜻이 이루어지자 신기하게도 하나님께서는 즉시 제 마음부터 회복시키셨습니다. 담당하고 있는 부서의 내적인 부흥을 보게 하셨고, 책 출판, 라디오, 방송 출연을 통해 교회에서 저를 높이셨습니다. 그리고 마침내 '광야 교회'가 통과됐다는 응답을 주셨습니다. 광야 통과의 선물은 복입니다. 지금은 하나님께서 어떤 복을 주실지 기대하며 저를 만들어가고 있습니다.

네 조상들도 알지 못하던 만나를 광야에서 네게 먹이셨나니 이는 다 너를 낮추시며 너를 시험하사 마침내 네게 복을 주려 하심이었느니라 (신8:16)

간절한 기도와 응답

하나님은 우리를 구원하고자 하는 갈망이 간절하셨기 때문에 독생자 예수 그리스도를 이 땅에 보내주셨습니다. 사랑은 죽음같이 강합니다. 즉 간절한 사랑만이 죽음도 불사할 수 있습니다. 예수 그리스도의 죽음을 통해 하나님께서는 우리를 향한 자기 사랑을 확증하셨고 우리에게 새로운 살길을 열어주셨습니다. 이제 우리의 반응이 남아 있습니다. 바로 간절히 하나님을 찾는(기도) 것입니다.

나를 사랑하는 자들이 나의 사랑을 입으며 나를 간절히 찾는 자가 나를 만날 것이니라 (잠8:17)

하나님은 인격을 가지고 계시기 때문에 우리와 교제하길 원하십니다. 그래서 하나님은 우리의 마음을 보시며 중심의 진실함으로 하나님을 찾기 원하십니다. 우리를 구원하시기 위한 하나님의 진실함과 하나님을 만나고자 하는 나의 간절함이 상사

점에서 만날 때 우리는 하나님을 만날 수 있습니다.

...만일 마음을 다하고 뜻을 다하여 그를 찾으면 만나리라 (신4:29)

어떤 면에서 우리가 하나님을 만나지 못했다는 것은 하나님을 찾지 않았다는 것을 의미입니다. 하나님을 찾아도 간절함이 아닌 형식과 종교적인 모습으로 하나님의 이름을 불렀기 때문에 만나지 못합니다. 하나님 한 분만을 만나기 원하는 진실함으로 찾지 않기 때문에 하나님을 만나지 못하는 것입니다.

이 모든 것이 간절히 기도하지 않는 것을 의미합니다. 간절히 찾으면(기도하면) 만나 주신다(응답하신다)고 성경은 분명히 말씀하고 있습니다. 하나님을 만나지 못했다면 내게 성경이 요구하는 간절함이 없든지, 성경이 틀렸든지 둘 중 하나입니다.

그들이 여리고에 이르렀더니 예수께서 제자들과 허다한 무리와 함께 여리고에서 나가실 때에 디매오의 아들인 맹인 거지 바디매오가 길 가에 앉았다가 나사렛 예수시란 말을 듣고 소리 질러 이르되 다윗의 자손 예수여 나를 불쌍히 여기소서 하거늘 많은 사람이 꾸짖어 잠잠하라 하되 그가 더욱 크게 소리 질러 이르되 다윗의 자손이여 나를 불쌍히 여기소서 하는지라 예수께서 머물러 서서 그를 부르라 하시니 그들이 그 맹인을 부르며 이르되 안심하고 일어나라 그가 너를 부르신다 하매 맹인이 겉옷을 내버리고 뛰어 일어나 예수께 나아오거늘 예수께서 말씀하여 이르시되 네게 무엇을 하여 주기를 원하느냐 맹인이 이르되 선생님이여 보기를 원하나이다 예수께서 이르시되 가라 네 믿음이 너를 구원하였느니라 하시니 그가 곧 보게 되어 예수를 길에서 따르니라 (막10:46-52)

성경에는 간절함으로 기도할 때 응답받은 인물이 많이 있습니다. 그 중 하나가 소경 바디매오입니다.

소경 바디매오는 예수님이 지나가신다는 소리를 들었습니다. 그는 전부터 예수님에 대한 소문을 들었습니다. 그의 마음에는 수많은 병자를 치유하시는 예수님께서 아브라함과 다윗의 후손으로 오신 메시아라는 믿음이 있었습니다. 사람들이 지나가며 '나사렛 예수'라는 이름을 꺼낼 때 그는 '다윗의 자손 예수여 나를 불쌍히 여기소서'라며 외쳤습니다. 즉 '나사렛 예수님 당신이 이스라엘을 구원할 메시야입니다'라는 신앙고백을 한 것입니다. 그러나 주위에 있던 많은 사람들은 나사렛 예수가 메시아라는 고백이 불쾌했습니다. 그래서 바디매오를 꾸짖으며 잠잠하라 하지만 바디매오는 아랑곳하지 않고 더욱 크게 간절히 주님을 불렀습니다. 간절한 믿음으로 반응하고 기도했던 바디매오는 결국 보기 원하는 소원이 응답 되었고 주님을 따르게됐습니다. 사람의 소리, 환경, 비판을 뛰어넘는 간절함이 그를 구원의 길도 인도한 것입니다.

> ...하나님을 간절히 찾았고 (시78:34)

저는 17살 고등학생 때 자살하기 위해 옥상에 올라갔습니다. 자살하려고 몸을 던지려던 순간 "자살하지 마라 자살하면 지옥에 가니 힘들어도 내려가서 살아라 지옥은 여기보다 더 힘든 곳이다"라는 우레와 같은 하나님의 음성을 들었습니다. 힘들어서 죽으려고 했는데 지옥이 이 땅보다 더 힘든 곳이면, 죽지 않고 사는 것이 맞았습니다. 살아도 힘들고 죽어도 힘들면 덜 힘든 곳에서 사는 것이 지혜였습니다. 그 다음날 심신이 지친 저는 간절한 마음으로 하나님께 기도했습니다. (그 당시 교회도 다니지 않았는데 모든 것이 하나님의 은혜입니다)

'하나님이 살아계시면 나 좀 살려주세요. 나 하나 살리는 것은 일도 아니잖아요.'

정말 간절한 기도였습니다. 지금도 제 인생에 손꼽는 간절함이었습니다. 며칠 후 하나님은 빛으로 반짝이는 성경을 보게 하셨고 교회에 가면 살 수 있다는 믿음을 주셨습니다. 돌아오는 주일 살고 싶어서 살기 위해서 저는 제 발로 교회에 찾아갔습니다. 하나님께서는 간절히 찾으면 만나주시겠다는 말씀의 약속처럼 저를 구원해 주셨습니다. 저를 구원하시고자 하는 하나님의 간절함과, 살고 싶다는 간절함이 만났을 때 응답받을 수 있었습니다.

이에 그들이 예수께 나아와 간절히 구하여 이르되... (눅7:4)

간절히 기도하는 사람은 겸손한 사람입니다. 내 처지, 신세, 문제를 내가 해결할 수 없다는 것을 아는 자만이 하나님께 나아올 수 있고 엎드릴 수 있습니다. 하나님은 겸손한 자를 구원하십니다. 하나님의 크심과 영광 앞에 자신의 유한함을 발견하는 자만이 겸손할 수 있습니다. 우리가 간절히 기도할 때 하나님은 우리를 만나주시고 응답하십니다. 하나님의 귀는 간절히 기도하는 자에게 향하고 있습니다.

기도 응답 분별

우리가 기도하는 이유는 응답받기 위해서입니다. 하나님의 뜻이 나에게 이루어지든, 나의 소원이 이루어지든 기도의 목적은 바로 응답에 있습니다. 그런데 의문이 하나 생깁니다. 내가 드린 기도가 응답 될지 되지 않을지 모르겠습니다. 그래서 많은 성도가 그리고 사역자인 저조차도 기도 후 의심(?)이 들곤 합니다.

'하나님이 내 기도에 응답하실까?'

기도 응답을 분별하기가 쉽지 않습니다. 수학처럼 공식이 있는 것도 아니고 하나님과 자녀인 우리의 관계는 인격적인 관계이기 때문에 Give and Take의 관점으로는 온전히 설명할 수 없습니다.

(내가 기도한다고(give) 모두 응답받는 것은(take) 아니기 때문입니다)

다양한 형편에 놓인 성도를 향한 하나님의 뜻이 각각 다르기 때문에 기계적인 관점으로 답을 내릴 수도 없습니다. 그러나 경험상 기도 응답을 분별할 수 있는 기준은 있는 것 같습니다. 바로 확신과, 평강, 기쁨입니다.

첫째. 믿기어지는 확신

우리는 종종 '하나님께서 응답해주실 것을 믿습니다'라고 고백하는 성도를 봅니다. 그런데 그들의 마음을 자세히 들여다 보면 믿어지지 않기 때문에 자신의 의지를 사용하는 것을 알 수 있습니다. 마음에는 응답 될까? 라는 불신이 가득한데 믿어야 응답받는 말씀을 알기 때문에 의지력을 사용하는 것입니다. 이런 기도는 응답받을 확률이 적습니다.

그러나 기도가 하나님께 상달 된 성도에게는 응답의 확신이 있습니다. '믿습니다'라는 인간적인 신념의 고백이 아니라 마음 깊은 곳에서부터 믿기어지는 확신이 있습니다.

아합이 먹고 마시러 올라가니라 엘리야가 갈멜산 꼭대기로 올라 가서 땅에 꿇어 엎드려 그의 얼굴을 무릎 사이에 넣고 그의 사환에 게 이르되 올라가 바다쪽을 바라보라 그가 올라가 바라보고 말하되 아무것도 없나이다 이르되 일곱 번까지 다시 가라 일곱 번째 이르러

서는 그가 말하되 바다에서 사람의 손 만한 작은 구름이 일어나나이다 이르되 올라가 아합에게 말하기를 비에 막히지 아니하도록 마차를 갖추고 내려가소서 하라 하니라 조금 후에 구름과 바람이 일어나서 하늘이 캄캄해지며 큰 비가 내리는지라 아합이 마차를 타고 이스르엘로 가니 (왕상18:42-45)

엘리야 선지자는 아세라, 바알 선지자들과의 영적대결에서 승리 후 갈멜산에 올라가 비가 내리길 기도합니다.

엘리야 선지자는 사환에게 바다를 보라고 지시하고 비가 내릴 징조가 있는지 확인합니다. 동일한 행동을 일곱 번까지 반복하라는 명령을 하고 간절히 기도합니다. 드디어 일곱 번째, 바다에서 손 만한 작은 구름이 일어났고 엘리야는 응답의 확신을 갖고 더는 기도하지 않습니다. 그 당시 사마리아는 심한 기근으로 인해 고통받고 있었습니다. 현실은 전혀 비가 오지 않고 비가 언제 올지도 모르는 상황이었기 때문에 손 만한 구름을 보고 비가 온다고 단정 짓기는 무리가 있었습니다.

그러나 엘리야 선지자는 작은 구름을 보고 하나님께서 비를 내리실 것이라고 확신했습니다. 아직 비가 오지 않았지만 기도를 멈추고 비가 온다는 소식을 아합왕에게 전했습니다. 응답이 있기 전에 마음에 확신이 가득했고 믿음대로 행동했던 것입니다.

그러므로 내가 너희에게 말하노니 무엇이든지 기도하고 구하는 것은 받은 줄로 믿으라 그리하면 너희에게 그대로 되리라 ^(막11:24)

예수님은 기도 응답에 대해 재미있는 말씀을 하십니다. 위의 말씀의 시제를 보면 무언가 어색합니다.

'기도하고 구하는 것'은 현재인데 '받은 줄로 믿으라'는 과거이고 '그대로 되리라'는 기도 응답은 미래입니다. 우리가 하나님의 뜻대로 기도할 때(현재), 하늘에서는 이미 응답되었습니다.(과거) 기도 응답이 당장 눈에 보이지 않고 잡히지 않지만, 이미 주님이 응답하셨다는 사실을 마음으로 믿을 때 미래의 언젠가 하나님의 때에 응답의 실체를 경험할 수 있다는 말씀입니다.(미래)

둘째. 평강과 희락

기도가 응답되는 것은 나에게 하나님의 뜻이 이루어지는 것을 의미합니다. 하나님의 뜻이 나에게 이루어질 때 우리는 하나님의 나라(통치, 주권, 다스림)를 경험할 수 있습니다.

사도바울은 하나님 나라의 특징에 대해 말씀하고 있습니다. 단지 먹고 마시는 육체에 기초한 삶이 아닌, 예수 그리스도 안에 있는 하나님의 자녀가 성령을 따라 행할 때 하나님과 바른 관계 안에 있게 되고 하나님으로부터 주어지는 하늘의 평강과 희락을 경험하는 것이 하나님 나라의 삶입니다.

하나님 나라의 관점을 기도 응답에 적용할 때 깨달을 수 있는 것은 기도 후 평강과 희락이 임하는 것은 하나님께서 우리의 기도에 응답하셨다는 것을 의미합니다.

하나님의 나라는 먹는 것과 마시는 것이 아니요 오직 성령 안에 있는 의와 평강과 희락이라 (롬14:17)

과거, 수능을 마친 교회 동생의 대학 진학을 위해 중보기도 했던 적이 있습니다. 합격 발표 날이 가까이와도 예비 번호에 변동이 없자 동생은 재수를 생각하고 있었습니다. 특수전형으로 지원했기 때문에 타 대학은 원서조차 쓰지 못한 상황이었습니다. 새벽예배에 나가 동생을 위해 간절히 기도하던 중 성령님의 감동을 받았습니다.

"하나님 우리 린이 대학 보내주세요."

"태훈아! 지혜롭게 기도할 수 없니?"

저는 단순히 동생의 대학 진학을 위해서 기도했는데 성령님께서는 제가 하나님의 뜻에 맞게 기도하길 원하셨습니다. 오래전 일이라 정확히 기억나지 않지만 성령님이 주시는 감동대로 중보기도를 올렸고 기도를 마치자마자 큰 평안과 기쁨이 마음에 넘치는 것을 경험했습니다.

얼마나 기뻤으면 기도하는 중에 제가 웃고 있었고 입술을 떼는 동시에 응답됐다는 큰 확신이 마음에 부어져 평안 가운데 기도할 수 있었습니다.

하나님께서는 동생과 같은 과에 합격한 학생 중 한 명이 더 좋은 대학에 갈 것이고 공석에 동생이 들어갈 것이라는 섬세한 감동을 주셨습니다. 기도 응답을 받고 바로 동생에게 전화해 하나님께서 주신 감동을 전해주었습니다.

"린아 하나님이 너 대학에 붙었다고 하셨어."

"진짜?"

얼마 후, 하나님께서는 평안과 기쁨 가운데 제게 주셨던 기도 응답대로 동생을 대학에 붙여주셨습니다. 알고 보니 합격했던 친구 중 하나가 서울에 있는 더 좋은 대학으로 진학했다고 했습니다.

만군의 여호와께서 맹세하여 이르시되 내가 생각한 것이 반드시 되며 내가 경영한 것을 반드시 이루리라 (사14:24)

03

기도로 임하는 부흥

마리아 vs 마르다

신대원에 입학하고 한 달이 지났을 무렵, 과도한 스트레스를 견디지 못한 저는 수업 중에 쓰러지고 말았습니다. 학업과 사역을 병행하며 떨어진 체력과, 신학을 공부하며 겪는 갈등과 어려움을 몸과 마음이 견디지 못했습니다. 제가 죽게 생기니 사역이고 학업이고 아무것도 중요하지 않았습니다. 내가 살아있어야 살려내는 통로가 되는 것인데 지금 상황이 옳지 않다는 생각을 지울 수 없었습니다.

다음 주, 사역을 마치고 집으로 돌아오는 기차 안에서 잠잠히 기도하며 주님께서 주시는 감동을 기다렸습니다.

"하나님 제가 어떻게 하길 원하세요?"

잠잠히 주님의 마음을 구할 때 주님의 선명한 감동이 마음에 부어졌습니다.

"마리아의 영성이다."

하나님은 제가 주를 위해 무슨 일을 하기 전에 주님 앞에 나와 머물기 원하셨습니다. 생각해보니 신대원에 입학하고 학업과 사역을 병행하면서 주님 앞에 기도로 머무는 시간이 줄었음을 깨달았습니다. 기도가 밀리자 문제가 생기기 시작했습니다.

다시금 주님 앞에 나와 오랜 시간 머물며 기도하는 시간을 늘렸습니다. 수업을 마치고 할 일도 많고 볼 것도 많지만 오랜 시간 기도하며 하나님과 교제했습니다. 기도를 통해 영과 몸이 회복되니 저절로 마음이 지켜졌습니다.

3년의 신대원 기간 동안 기도라는 생명 줄을 붙잡고 사역과 학업을 지혜롭게 병행할 수 있었습니다. 하나님 앞에 머무는 시간을 늘리자 모든 것이 조화롭게 균형을 이루어갔습니다.

그들이 길 갈 때에 예수께서 한 마을에 들어가시매 마르다라 이름 하는 한 여자가 자기 집으로 영접하더라 그에게 마리아라 하는 동생 이 있어 주의 발치에 앉아 그의 말씀을 듣더니 마르다는 준비하는 일이 많아 마음이 분주한지라 예수께 나아가 이르되 주여 내 동생이 나 혼자 일하게 두는 것을 생각하지 아니하시나이까 그를 명하사 나 를 도와주라 하소서 주께서 대답하여 이르시되 마르다야 마르다야 네가 많은 일로 염려하고 근심하나 몇 가지만 하든지 혹은 한 가지 만이라도 족하니라 마리아는 이 좋은 편을 택하였으니 빼앗기지 아

우리가 잘 아는 마르다와 마리아의 이야기입니다. 언니 마르다 는 예수님을 자신의 집으로 영접하고 대접하기 위해 이런 저런 준비로 마음이 분주했습니다. 그런 마르다와 달리 동생 마리아 는 예수님 가까이 앉아 말씀을 들었습니다. 그런 동생을 언니 마르다는 고자질 하지만 오히려 예수님은 좋은 편을 택한 동생 마리아를 칭찬하십니다.

위의 말씀을 통해 우리는 신앙생활의 본질과 우선순위, 부흥 의 원리를 배울 수 있습니다. 마리아와 마르다는 교회 안의 성도 의 상반된 두 모습을 보여주고 있습니다.

마르다는 교회를 섬기고 봉사하는 성도를, 마리아는 골방에 서 기도로 주님과 교제하는 성도를 나타내고 있습니다.

분명 두 가지 모습 모두 필요합니다. 그러나 본질과 우선순위 는 마르다가 아닙니다. 내 행위와 노력으로 최선을 다해 교회를 섬기는 것이 신앙생활이 아닙니다. 신앙생활의 본질은 마리아 처럼 먼저 주님 앞에 머무는 것입니다. 기도로 주님과 교제하고 성령과 말씀으로 날마다 마음을 새롭게 하여 그리스도의 장성한 분량에 이르는 것이 신앙생활입니다. 그 결과, 은사와 달란트 대로 교회를 섬겨야 합니다. 주님 앞에 머무는 과정 없이 주를 위한다고 하는 나의 섬김은 사실 인간적인 열심일 뿐, 하나님과 상관도 열매도 없습니다.

나는 포도나무요 너희는 가지라 그가 내 안에 내가 그 안에 거하면 사람이 열매를 많이 맺나니 나를 떠나서는 너희가 아무것도 할 수 없음이라 (요15:5)

내 의로 열심히 교회를 섬기다 보면 그 끝은 탈진입니다. 마음의 시험입니다. 마르다는 자신만 수고하는 것이 억울하고 불공평하게 느껴졌습니다. 자신의 생각은 주님을 섬기기 위해 일하는 것이 옳은데 아무 일도 하지 않고 주님 앞에 머물러 있는 동생이 틀렸다고 판단했고 주님께 고자질했습니다.

그러나 동생 마리아는 언니가 일을 하든 말든 상관없이 임재 안에서 주님 가까이 앉아 말씀을 들었습니다. 이는 기도를 통해 하나님의 임재를 경험하고 말씀으로 마음을 새롭게 하는 것을 의미합니다. 주님의 따뜻한 눈빛과 말씀 속에서 마리아는 자신을 향한 주님의 사랑을 느낄 수 있었고 그 사랑을 알고 믿고 주님을 더욱 사랑할 수 있었습니다.

자녀가 태어나면 부모는 자녀를 향한 조건 없는 사랑을 베풉니다. 이제 막 태어난 갓난아이에게 일을 시키지 않습니다. 다만 부모의 사랑 안에서 건강하게 자라기를 바랄 뿐입니다.

신앙생활도 마찬가지입니다. 이제 막 거듭난 성도에게 구원의 은혜가 감사하여 교회를 위해 충성과 봉사를 요구하는 것은 옳지 않습니다. 교회를 섬기기 전에 주님 앞에 머물며 주님의 사랑을 더욱 깊이 알고 속사람이 자랄 수 있도록 기도의 자리로 인도해야 합니다.

신앙생활은 하나님 앞에 머무는 것부터 시작입니다. 하나님 앞에 기도로 머물고 속사람이 강건 하여져서 겉 사람을 뚫고 나타나는 것이 신앙생활입니다. 마리아가 주님 앞에 머물고 그런 마리아를 주님이 칭찬하셨듯 모든 그리스도인은 기도를 통해 주님 앞에 머물러야 합니다. 단지 예배 시간에 잠깐 드리는 기도 말고, 하루 24시간 중, 시간을 거룩히 구별하여 주님 앞에 기도로 나를 드리는 시간을 확보하고 사수해야 합니다. 매일, 정기적인 기도 제단을 통해 하나님과 교제하며 마음을 새롭게 하고 하나님이 주시는 힘으로 성령에 이끌려 살아내야 합니다.

그리고 은사와 달란트대로 그리스도의 몸된 교회를 섬겨야 합니다. 마리아의 영성을 통과하지 않은 자는 절대로 마르다로써 교회를 섬길 수 없습니다.

섬기는 행위와 모습은 있지만 기도를 통해 하나님의 영으로 이끌림 받지 않는다면 모든 것은 사람의 일입니다. 나를 통해 하시는 하나님의 일이 아닌 하나님을 위한 나의 열심이기 때문에 열매 맺을 수 없습니다. 주를 위해 일하기 전에 우리는 기도로 하나님 앞에 머무는 법을 배워야 합니다.

육신의 생각은 사망이요 영의 생각은 생명과 평안이니라 (롬8:6)

안에서 밖으로

예전에 은퇴하신 어느 목사님의 칼럼을 읽은 적이 있습니다. 지난 수십 년의 목회 사역을 회고하며 한국 교회가 나아가야할 방향을 제시한 글인데 그 내용이 지금도 기억에 생생합니다.

목사님은 대형교회를 시무하시며 소위 말하는 부흥을 경험했다고 합니다. 그러나 사역을 마무리하며 지난 세월을 돌아보니 단지 성도의 숫자와 외형적인 부흥이었지 성도들의 신앙 성숙, 질적인 부흥은 아니라며 자신의 목회는 실패했다고 말씀하셨습니다. 이름도 기억나지 않는 목사님의 솔직한 고백이 사역을 하면 할수록 그 깊이가 더욱 깨달아져서 곱씹게 됩니다.

여호와여 주는 주의 일을 이 수년 내에 부흥하게 하옵소서 (합3:2)

부흥이란 말을 들을 때 우리가 흔히 하는 생각은 교회의 성장, 성도 수의 증가입니다. 사실 이런 관점으로 강단에서 설교하기 때문에 들린 대로 내 안에 믿음이 생기게 됩니다.

그러나 부흥이란 단어의 뜻은 외형적인 교회 성장만을 뜻하지 않습니다. 부흥이란 단어는 살리다, 소성시키다, 회복시키다 등 내면에서부터 성령님으로 회복되는 상태를 의미합니다.

세상을 사랑하는 마음을 하나님께 돌이키고, 하나님의 통치와 다스림 가운데 죄 된 마음이 말씀대로 회복되는 것이 부흥의 시작입니다. 내면에서부터(중심, 생각, 태도, 주권, 양심, 자유의지) 하나님과 바른 관계를 가지고 살아가는 자들의 모임 가운데 하나님께서는 생명을 살리시기 위해 영혼을 보내십니다. 내면의 부흥을 경험한 교회가 숫자적인 부흥을 경험할 수 있습니다. 숫자적인 부흥은 열매이고 결과이지 부흥 자체가 아님을 명심하시기 바랍니다.

이에 내가 그 명령대로 대언하였더니 생기가 그들에게 들어가매 그들이 곧 살아나서 일어나 서는데 극히 큰 군대더라 (겔37:10)

우리는 초대교회에서 성경적인 부흥의 비결을 배울 수 있습니다. 성령이 임하심으로 초대교회는 시작됐습니다. 오직 그들은 기도하기에 힘썼고 기도를 통한 성령의 폭발적인 역사를 통해 양질의 부흥을 경험했습니다. 초대교회는 흑암의 권세에서 빛의 나라로, 죄에서 의로, 마귀의 자녀에서 하나님의 자녀로 변화되는 내면의 부흥을 경험했습니다. 내면의 부흥은 삶의 변화를 가져왔고 그 결과 하나님께서는 구원받는 사람을 더하시는 외적 성장의 은혜를 주셨습니다.

하나님을 찬미하며 또 온 백성에게 칭송을 받으니 주께서 구원받는 사람을 날마다 더하게 하시니라 (행2:47)

초대교회와 같이 한국 교회도 기도를 통해 부흥을 경험했습니다. 가진 것 없고 배운 것 없었지만 기도할 때 한국 교회는 부흥했습니다. 저는 30대 초반이기 때문에 70, 80년대의 교회 부흥을 귀로만 전해 들었습니다. 그때는 교회가 기도에 힘썼고 기도하기에 바빴다고 합니다.

기도했기 때문에 성령께서 충만히 역사하셨고 성령으로 마음이 새로워지는 부흥을 경험한 성도들의 전도로 교회가 부흥됐습니다.

그러나 경제 성장과 더불어 먹고 사는 육신의 문제가 해결되니 교회 안에서 기도 소리는 점점 줄어들었고 성령의 통치함을 소멸하며 한국 교회는 쇠락을 길을 걷고 있습니다.

기도로 부흥한 한국 교회가 기도가 약해지자 세속화되는 위기를 경험하고 있습니다. 기도의 부재가 부흥의 불씨를 꺼뜨리고 있는 것입니다.

여자들과 예수의 어머니 마리아와 예수의 아우들과 더불어 마음을 같이하여 오로지 기도에 힘쓰더라 (행1:14)

기도하는 성도

대한민국 국민의 10대부터 30대까지 사망원인 1위는 자살입니다. 40대부터 60대까지는 암으로 많이 죽는다고 합니다. 대한민국은 버티지 못하면 스스로 생을 마감하고, 버티면 스트레스로 인해 암으로 죽는 나라입니다. OECD 국가 중 자살률 1위라는 불명예스러운 기록은 대한민국 국민이 체감하는 삶의 무게가 버겁다는 것을 증명하고 있습니다.

심방을 하며 듣는 성도의 어려움은 쉬운 삶이 하나도 없는 것을 깨닫습니다. 문제없는 가정이 없고 문제없는 삶이 없습니다. 슬픈 소식은 우리를 기다리고 있는 미래는 꽃길이 아닙니다. 지금은 마지막 때며 핍박과 환난이 기다리고 있습니다. 우리는 기도로 앞으로의 시대를 준비해야 합니다.

불법이 성하므로 많은 사람의 사랑이 식어지리라 그러나 끝까지 견디는 자는 구원을 얻으리라 (마24:12-13)

모든 건축물은 외력보다 내력을 강하게 설계합니다. 바람, 하중, 진동 등 있을 수 있는 모든 외력을 계산해서 그보다 강하게 내력을 설계합니다. 그래야 건물이 무너지지 않기 때문입니다. 신앙생활도 마찬가지입니다. 신앙생활은 빛과 어둠의 싸움입니다. 세상이란 어둠의 외력보다 내 안의 더 큰 빛의 내력으로 어둠을 밀어내야 합니다. 주님 다시 오실 날이 가까이 올수록 세상의 어둠은 더욱 짙어집니다. 어둠을 이길 수 있는 빛이 내 안에 있어야 합니다. 이는 오직 기도를 통해 가능합니다.

만일 네가 보행자와 함께 달려도 피곤하면 어찌 능히 말과 경주하겠느냐 네가 평안한 땅에서는 무사하려니와 요단 강 물이 넘칠 때에는 어찌하겠느냐 (렘12:5)

환난 날에 나를 부르라 내가 너를 건지리니 네가 나를 영화롭게 하리로다 (시50:15)

너는 내게 부르짖으라 내가 네게 응답하겠고 네가 알지 못하는 크고 은밀한 일을 네게 보이리라 (렘33:3)

제가 사역을 하며 느끼는 안타까운 점 하나는 기도하는 성도가 별로 없다는 것입니다. 설교 시간에 말씀 듣고 기도하는 것을 뜻하지 않습니다. 정확히는 매일 기도의 제단을 통과하며 마음을 새롭게 하고 자신을 부인하며 하나님의 통치를 받는 성도가 극히 적습니다.

문제는 내 마음을 힘들게 하는 외부의 불화살이 아닙니다. 외부로부터 날아오는 불화살을 믿음으로 반응하지 못하는 내가 문제입니다. 성경은 모든 지킬 만한 것 중에 네 마음을 지키라 생명의 근원이 마음에서 남이라 (잠4:23) 말씀하고 있습니다. 신앙생활은 내 마음을 날마다 기도를 통해 성령님으로 지키고 새롭게 하는 것입니다. 내면에서부터 부흥이 시작되지만 기도하지 않기 때문에 마음이 고통스럽고 어려운 것입니다. 문제가 없다는 것이 아니라 문제를 믿음으로 반응하지 않기 때문에 문제가 되는 것입니다.

아무 것도 염려하지 말고 다만 모든 일에 기도와 간구로 너희 구할 것을 감사함으로 하나님께 아뢰라 그리하면 모든 지각에 뛰어난 하나님의 평강이 그리스도 예수 안에서 너희 마음과 생각을 지키시리라 (빌4:6-7)

성경은 우리가 기도하면 하나님께서 우리의 마음과 생각을 지키신다고 약속하셨습니다. 힘들고, 부정적이고, 세상 적이고, 믿음에 반하는 모든 감정과 생각들이 기도를 통해 하나님의 평강으로 지켜지고 새로워집니다. 내가 지키는 것이 아니라 세상을 승리하신 주님께서 지키시니 넉넉히 이길 수 있습니다. 저는 이 말씀을 날마다 경험하고 있습니다. 첫 대로 예수를 믿는 것이 쉽지 않습니다. 그 부담과 힘듦은 말로 다 할 수 없습니다. 씩씩하게 걸어가고 있지만, 솔직히 말하면 도망가고 싶을 때가 한두 번이 아닙니다. 마음이 상할 때도 많이 있습니다. 하지만 답은 정해져 있고 좁은 길을 걸어야 하기 때문에 저는 오늘도 엎드려 하나님께 기도합니다.

참 신기합니다. 기도하면 성령님께서 제 마음을 새롭게 하시는 것을 경험합니다. 억울하고 힘든 마음이 하나님이 함께하시니 '할 수 있다'는 긍정의 믿음으로 변화됩니다.

새로워진 마음으로 자리를 툭툭 털고 일어나 오늘 하루를 살아 냅니다. 환경은 바뀌지 않았지만 제 마음이 바뀌니 빛이 어둠을 뚫고 승리하는 것을 경험합니다. 부흥은 내 마음에서부터 시작되는 것을 경험으로 깨닫습니다.

너희는 이 세대를 본받지 말고 오직 마음을 새롭게 함으로 변화를 받아 하나님의 선하시고 기뻐하시고 온전하신 뜻이 무엇인지 분별하도록 하라 (롬12:2)

저와 함께 사역하시는 청년 선생님이 계십니다. 선생님을 위해 중보 기도할 때 성령님께서 '기도해야 한다'는 감동을 여러 번 주셨습니다. 하루는 선명한 하나님의 감동을 받고 연락드렸습니다.

"선생님을 위해 중보기도 하는데 성령님께서 선생님이 기도하셔야 한다는 감동을 주셨어요. 오늘부터 매일 기도의 제단을 쌓으시길 바래요."
"네 전도사님. 그렇지 않아도 오늘 아침에 기도해야 한다는 마음을 받았는데 하나님의 싸인 같습니다. 기도하겠습니다."

선생님은 바쁜 직장생활과 사역에 지쳐서 아무런 기대도 소망도 없다고 하셨습니다. 그 후에도 저는 선생님께 기도를 권면하며 기도의 능력, 은혜를 체험할 수 있도록 중보기도 했습니다. 1년 반이란 시간이 지난 어느 날, 선생님은 자신이 체험한 기도의 은혜를 간증해 주셨습니다.

"전도사님, 제가 진작 기도했더라면 인생이 바뀌었을 텐데 너무 아쉬워요. 환경은 변한 것이 없는데 미래가 기대되고 소망이 생겨요."

현실에 지쳐 기대 없던 미래가 기도를 통해 희망으로 그려지는 부흥을 경험한 것입니다. 기도를 통해 내 안에서부터 살아나는 은혜를 경험하고 은혜가 공동체에 흐르는 것이 성경이 말씀하고 있는 부흥입니다. 부흥은 오직 기도로 가능합니다.

여호와의 말씀이니라 너희를 향한 나의 생각을 내가 아나니 평안이요 재앙이 아니니라 너희에게 미래와 희망을 주는 것이니라 (렘 29:11)

기도하는 교회

지금도 부흥이라는 표어를 걸고 수많은 교회가 하나님 나라를 위해 일하고 있습니다. 그러나 안타까운 것은 기도하는 교회가 극히 적습니다. 기도해야 성령의 충만함을 경험하고 성령이 역사하실 때 마음이 새로워지는 부흥을 경험할 수 있는데 기도하지 않습니다. 악하고 음란한 세대를 살아가며 성도들의 삶은 힘들고 각박한데 내면의 변화 없이 숫자적인 부흥을 위해 성도의 헌신을 강요하니 교회에서도 진정한 쉼을 누릴 수 없습니다.

기도하면 하나님께서 친히 성령의 지혜와 방법으로 예수 그리스도의 핏 값으로 세우신 교회를 부흥시키십니다. 부흥은 하나님의 일이지 사람의 일이 아닙니다. 부흥은 우리 안에 계신 하나님께서 친히 우리를 통해 행하시는 것이지 인간의 열심과 노력, 행사와 프로그램으로 이루어지는 것이 절대 아닙니다. 우리는 부흥의 통로이고 도구이지 주체가 아닙니다. 부흥의 주체 되신 하나님께서 친히 일하실 수 있도록 우리는 기도의 제단에서 나를 부인하고 하나님께 나를 내어드려야 합니다. 그때야

비로소 내면의 회복과 더불어 교회의 부흥을 경험할 수 있습니다.

그러나 안타까운 것은 기도로 마음을 새롭게 하고 교회의 인프라를 성령님이 운행하실 수 있도록 재정비하지 않은 채 수많은 행사와 프로그램으로 부흥을 도모하고 있습니다.

행사와 프로그램이 믿지 않는 영혼과의 접촉점이 될 수 있지만 충분한 기도가 뒷받침되지 않는 일들은 큰 의미가 없습니다. 행사에 들인 시간과 인력, 물질, 에너지에, 비하면 맺는 열매는 미비합니다. 기도 없는 일은 사람의 일이지 하나님의 일이 아니기 때문입니다.

기도하지 않으면 영으로부터 오는 생각을 할 수 없습니다. 기도하지 않으면 육신의 생각으로 살 수 밖에 없습니다. 기도하지 않기 때문에 기업을 경영하듯 교회를 운영하니 당연히 부흥될 수 없습니다. 주인이 사람이기 때문에 하나님께서 더 일하시지 못하는 것입니다.

...만군의 여호와의 열심이 이를 이루시리라 (사9:7)

교회가 기도할 때 하늘 문이 열립니다. 기도가 올라갈 때 하나님의 생명이 역사하고 하나님의 임재가 있는 교회는 영혼들이 살아나는 은혜가 있습니다.

기도하는 교회를 보면 성도들이 생기 있습니다. 기도하는 교회의 예배는 생명력이 넘치고 은혜가 있습니다.

기도하는 교회만이 부흥을 방해하는 음부의 권세를 무너뜨리고 하나님 나라를 견고히 세워갈수 있습니다. 기도하지 않기 때문에 음부의 권세에 장악당하고 (세속화되고) 부흥을 방해 받는 것입니다.

영적세계는 단순합니다. 빛 아니면 어둠입니다. 영적전쟁은 빛과 어둠의 전쟁이며 이는 하나님 나라가 부흥되느냐 그것을 방해하는 세상 나라가 부흥하느냐의 싸움입니다.

이 싸움은 기도로 가능하다고 성경은 말씀하고 있습니다. 기도해야 빛이 임하고 빛 가운데 어둠이 떠나갑니다. 부흥을 방해하는 악한 영의 세력(어둠)은 오직 기도(빛)로 물리칠 수 있습니다.

이르시되 기도 외에 다른 것으로는 이런 종류가 나갈 수 없느니라 하시니라 (막9:29)

저는 청년 시절, 교회 뉴스에 나오신 할머니의 인터뷰를 잊을 수 없습니다. 영혼 초청 축제를 위한 인터뷰였는데 할머니의 간증은 부흥의 본질을 다시금 생각하게 합니다.

그 당시 제가 다녔던 교회는 매일 밤 기도회가 있었고 24시간 기도의 소리가 끊이지 않는 교회였습니다. 담임목사님께서 기도하시는 분이었기 때문에 '전성도 매일 밤 기도회'를 통해 쉼 없는 부흥의 은혜를 경험하던 교회였습니다.

할머니께서는 기도하시니 성령 충만을 받으셨고 영혼에 대한 안타까움과 전도의 간절한 마음이 생겼다고 하셨습니다. 기도하니 주님의 마음이 부어졌고 영혼을 사랑하는 주님의 마음이 느껴져서 전도를 하지 않으면 안 된다는 고백과 함께 붉어진 눈시울이 지금도 기억에 생생합니다.

주님의 마음으로 전도하는데 하나님께서 어찌 일하지 않으실 수 있겠습니까? 하나님께서는 예수의 핏 값으로 죄인을 구원하기 원하셨습니다. 그렇기 때문에 하나님께서는 아무 교회에게 영혼을 보내지 않으십니다. 하나님은 천하보다 귀한 영혼을 살릴 수 있는 교회에 영혼을 보내십니다.

그러므로 우리가 지향해야 하는 교회는 사람의 기준으로 좋은 교회가 아닙니다. 오직 기도해서 성령 충만하고 하나님의 생명이 제한 없이 운행하시는 살아있는 교회입니다.

대전에는 청년이 많이 모이는 유명한 교회가 있습니다. 담임 목사님께서 개척 초기, 성도들이 하나님을 만나고 구원받았음에도 다시 과거로 돌아가는 것을 보며 깊은 고민에 빠졌다고 합니다.

이런저런 고민과 기도 속에 성도들이 기도하지 않기 때문에 신앙 성숙이 없다는 결론을 내리셨고 매일 밤 1시간 기도회를 선포하시고 수십 년째 기도회를 이어오고 있다고 하셨습니다.

기도하니 성도들이 타락하지 않고 하나님의 은혜와 사랑을 더욱 깊이 경험했다고 합니다. 기도로 성령 충만하니 성령에 이끌리는 삶을 통해 믿음의 본을 보이게 됐고 자연스러운 관계 전도가 됐습니다.

그 교회에 가면 문제가 해결되고 삶이 변한다는 소문이 퍼지자 사람들이 자원해서 찾아오는 교회가 됐습니다. (예수를 믿지 않는 자매들이 교회에 등록 후 거듭나고 성령 충만 받았습니다. 더 이상 믿지 않는 남자친구와 성관계를 갖지 않겠다고 하며 헤어졌다는 이야기를 여러 번 들었습니다. 기도하고 성령 충만 받았기 때문에 삶이 변하는 열매를

맺을 수 있는 것입니다)

그 교회는 지금도 성도들의 신앙 성숙과 외적인 부흥을 균형 있게 이루고 있는 좋은 모델을 보여주고 있습니다.

모든 기도와 간구를 하되 항상 성령 안에서 기도하고 이를 위하여 깨어 구하기를 항상 힘쓰며 여러 성도를 위하여 구하라 (엡6:18)

부흥하는 교회는 행사와 프로그램에 치중하지 않습니다. 기도라는 본질이 없기 때문에 형식에 치우치는 것이지 기도에 힘쓰면 기도하기도 바쁜 것을 알 수 있습니다.

기도하지 않기 때문에 인간적인 방법으로 수고하고 부흥을 도모합니다. 하지만 이것은 성경적인 방법이 아닙니다.

청년 시절 교회를 섬길 때 대학부가 부흥되지 않아 리더들이 모여 수 시간을 회의했습니다. 똑같은 얘기를 매주 회의 때마다 반복하는 것에 염증을 느낀 저는 조심스럽게 제 소견을 말했습니다.

'기도하지 않는데 무슨 부흥이 있겠습니까?'

모이면 기본 3시간은 회의했던 것으로 기억합니다. 기도하지 않는데 무슨 의미가 있습니까? 기도하지 않는데 하나님의 일이 되겠습니까? 기도하지 않는데 하나님께서 일하실 수 있겠습니까?

지금도 기도하는 교회는 생명이 살아나는 부흥을 경험합니다. 성도 내면에서부터 살아나는 부흥은 오직 기도로 가능합니다. 기도할 때 성도가 살아나고 살아난 성도의 모임 가운데 하나님께서는 반드시 영혼을 보내십니다. 부흥은 기도로 시작됩니다.

또 여호와께서 예루살렘을 세워 세상에서 찬송을 받게 하시기까지 그로 쉬지 못하시게 하라 (사62:7)

치킨 집보다 못한 교회?

종종 교회를 비하하는 목적으로 교회와 치킨 가게의 숫자를 비교하는 얘기를 하곤 합니다. 과거, 전 세계에 있는 맥도날드 매장보다 한국에 있는 치킨 가게가 많다는 기사를 읽은 적이 있습니다.

수많은 치킨 가게와 비교될 만큼 작은 한국 땅에 교회는 넘쳐납니다. 당장 제가 사는 동네만 하더라도 한 건물에 같은 교단인 교회가 두 개가 있을 만큼 크고 작은 교회가 한국에 넘쳐납니다.

하지만 대한민국의 현실은 교회의 숫자와 반비례 하며 어려워지고 있습니다. 분명 문제입니다. 어둠에 처한 세상에서 예수 그리스도의 빛을 들고 나가 생명의 빛을 밝히는 것이 성도의 부르심입니다. 부패한 세상에서 소금의 역할을 감당하며 진리를 사수하는 것이 성도의 부르심입니다. 빛과 소금의 역할을 한마디로 정의하면 바로 '삶'입니다. 성도의 삶을 통해 하나님 나라가 회복되는 것이 구원받은 모든 성도의 사명입니다.

그런데 우리의 삶은 어떻습니까? 당장의 현실도 버거워하지 않습니까? 하나님이란 배경을 등에 업고 근거 없는 '잘 된다'는 믿음을 가지고 세상 사람들보다 더 못한 나태한 삶을 살고 있지 않습니까? 세상이 그리스도인들을 손가락질하는 이유는 바로 우리의 삶의 모습이 그들과 별반 다를 것 없기 때문입니다. 오히려 교회 다니는 사람은 믿지 않는 세상과 달라야 한다는 기대가 그들 속에 있는데, 기대는 고사하고 세상보다 더 악하고 어리석은 일을 자행하는 성도의 모습이, 세상이 교회를 정죄할 수 있는 수많은 틈을 준 것입니다.

성도는 믿지 않는 사람보다 더욱 정직하고, 성실하고, 탁월해야 하며 인격과 성품 면에서도 인정을 받아야 합니다. 하지만 세상과 다른 삶의 열매는 노력으로 되지 않습니다. '다름'은 오직 기도하고 성령의 충만함을 받을 때 성령께서 내 안에서 맺어 가시는 열매입니다.

오직 성령의 열매는 사랑과 희락과 화평과 오래 참음과 자비와 양선과 충성과 온유와 절제니 이같은 것을 금지할 법이 없느니라 (갈 5:22-23)

신앙생활은 공식이 있습니다. 바로 기도해야 성령 충만 받습니다. 세상에서 선한 영향력을 끼치기 위해서는 우리는 날마다 신선한 기름 부으심을 받고 성령 충만한 상태로 세상에 나가야 합니다. 그래서 우리는 기도해야 합니다. 하나님의 영광과 하나님의 나라를 위해 오늘을 살아내는 힘은 기도를 통한 성령 충만밖에 없습니다. 기도하지 않는다면 육신의 생각대로 살고 죄 된 본능에 이끌릴 수밖에 없습니다. 안타깝지만 성도가 기도하지 않기 때문에 세상과 별반 다를 것이 없는 것입니다. 그런 점에서 한국 교회가 회복되어야 할 것은 바로 매일의 정기적인 '기도'입니다. 오늘을 살아가는 성도들에게 당장 필요한 것은 성령 충만입니다. 말씀에 대한 깊이 있는 지식보다, 교회 일에 대한 헌신보다, 기도를 통해 먼저 성령 충만을 받아야 합니다. 오늘 하루 성령에 이끌리어 주의 뜻을 이루는 자녀의 삶을 살 수 있도록 만드는 것이 가장 중요합니다. 왜냐하면, 우리가 교회에 모이는 궁극적인 이유는 결국 세상에 나가 주의 뜻을 이루기 위함이기 때문입니다.

나라가 임하시오며 뜻이 하늘에서 이루어진 것 같이 땅에서도 이루어지이다 (마6:10)

무릎으로 하는 사역

저는 사역자에게 받은 큰 상처가 있습니다. 청년 시절 영적인 고통을 겪을 때 일절 기도하지 않던 대학부 담당 전도사에게 버림받은 경험이 있습니다. 그때 제가 기도원에 실려 가며 하나님께 서원했던 기도가 있습니다.

'하나님 저는 기도하여 성도의 영혼의 필요를 채워주는 사역자가 되겠습니다. 내 영혼 하나 보지 마시고 나를 통해 살리시겠다고 약속하신 영혼들 생각해서 살려 주세요.'

사역은 영적인 일을 다루는 것입니다. 영적인 일은 오직 기도할 때 알아지고 분별하고 다룰 수 있는 능력이 생깁니다. 신학교를 졸업했다고 저절로 주어지는 것이 아닙니다. 그렇기 때문에 기도하는 사역자만이 성도의 영혼의 필요를 채워줄 수 있습니다.

우리가 그를 전파하여 각 사람을 권하고 모든 지혜로 각 사람을 가르침은 각 사람을 그리스도 안에서 완전한 자로 세우려 함이니 이를 위하여 나도 내 속에서 능력으로 역사하시는 이의 역사를 따라 힘을 다하여 수고하노라 (골1:28-29)

우리는 성경을 통해 사역이 무엇인지 배울 수 있습니다. 교회 역사상 최고의 사역자는 단연 사도바울이 아닐까 생각됩니다. 사도바울은 성도들을 그리스도 안에서 완전한 자로 세우기 위해 최선을 다해 사역했습니다.

그러나 단지 자신의 노력으로 사역한 것이 아니었습니다. 사도바울은 자신 안에 계신 성령님의 역사를 따라 순종하며 사역했습니다. 사역은 성령님이 하시는 것입니다. 사역의 주체는 성령님이지 사역자 자체가 아닙니다. 사역자는 성령님이 일하시는 도구이자 통로입니다. 그래서 사역자는 쉼 없는 기도를 통해 성령님께서 제한받지 않으시도록 나를 부인해야 합니다. 내가 부인되는 만큼 성령님께서 나를 통해 더 많은 일들을 하실 수 있기 때문입니다.

우리 살아 있는 자가 항상 예수를 위하여 죽음에 넘겨짐은 예수의 생명이 또한 우리 죽을 육체에 나타나게 하려 함이라 (고후4:11)

사역을 하면 할수록 제 안에 성령님께서 주시는 거룩한 부담감이 생깁니다. 성도들을 심방하고 얘기를 들어보면 평안한 집이 한 곳도 없습니다. 다 각자의 어려움이 있고 남모를 눈물이 있습니다. 성도들의 고통을 들을 때마다 사역자인 저는 더욱 하나님께 엎드려 기도해야 함을 깨닫습니다.

제가 성도들의 모든 고통을 해결해 줄 수 없습니다. 사역자는 기도해서 성령 충만한 예배를 인도해야 하는 의무가 있습니다. 성령 충만한 예배를 통해 성도들에게 은혜가 흘러가야 합니다. 성령 충만한 예배 가운데 하나님께서 친히 성도들을 만지시고 위로하시고 응답하시기 때문입니다.

사역자가 기도하는 것은 성도들의 영혼의 필요를 채워주는 일입니다. 사역자가 기도하여 차고 넘치는 성령의 충만함을 경험할 때 성도들에게 동일한 은혜가 흘러갑니다. 성령 충만한 사역자가 찬양을 인도하고 말씀을 선포하고 기도를 인도할 때 그 공간에 하나님께서 임재하십니다. 기도하는 사역자에게는 성령의 기름 부으심이 있기 때문에 기도하는 사역자가 인도하는 예배는 영적인 묶임이 풀어지는 은혜가 있습니다.

하나님의 은혜는 보통 강단에서 예배를 인도하는 사역자를 통해 흘러갑니다. 사역자가 기도하는 만큼 성도들은 더 큰 은혜와 치유를 경험할 수 있습니다.

…기름진 까닭에 멍에가 부러지리라 (사10:27)

제가 가장 좋아하는 찬양 사역자는 오메가 교회 '김에녹' 전도사님입니다. 오메가 교회가 한남대학교 앞에 개척했을 때 자주 가서 예배를 드렸는데 김에녹 전도사님이 찬양을 인도하는 날이면 유독 깊은 임재를 경험할 수 있었습니다.

하루는 하나님의 임재가 너무나도 강력하여 서 있지도 자리에 앉아 있을 수도 없었습니다.

후에 담임목사님께 여쭤보니 전도사님께서 하루에 4시간씩 기도하는 분이라고 하셨습니다. 기도했기 때문에 성령 충만했고 성령 충만함 가운데 하나님의 은혜의 통로가 될 수 있었습니다.

이스라엘의 찬송 중에 계시는 주여 주는 거룩하시니이다 (시22:3)

사역자가 기도하지 않는다면

두렵지만 반대의 경우도 있습니다. 대학이라고 모든 대학이 같지 않은 것처럼 교회라고 모든 교회가 같은 것이 아닙니다. 마찬가지로 사역자라고 모두 같은 사역자가 아닙니다.

기도하며 영혼을 살리는 사역자가 있는가 하면, 교만하기 때문에 기도하지 않고 성도의 영혼을 미혹하는 삯꾼도 있습니다.

인간적으로 좋은 게 좋은 것이 절대 아닙니다. 인격은 스님도 신부님도 믿지 않는 세상 사람들도 얼마든지 좋을 수 있습니다. 인간적으로(만) 좋은 사역자가 절대 좋은 사역자가 아닐 수 있음을 명심해야 합니다. 만약 사역자가 기도하지 않는다면 얼마든지 교회 일은 할 수 있고, 담임목사님의 종은 될 수 있어도 절대 하나님이 쓰시는 종, 하나님의 사람은 될 수 없습니다. 기도하지 않는 사역자는 결단코 영혼을 살려내는 통로가 될 수 없습니다.

사랑하는 자들아 영을 다 믿지 말고 오직 영들이 하나님께 속하였나 분별하라 많은 거짓 선지자가 세상에 나왔음이라 (요한1서4:1)

저는 20대 초반부터 기도생활을 꾸준히 해왔습니다. 그렇다 보니 기도의 시간과 깊이가 쌓일수록 영적인 감각이 예민하게 깨어나는 것을 경험합니다. 영감이 발달하면 혼의 영역을 거치지 않고 성령으로 깨달아지는 영적인 분별력이 생깁니다. 기도할수록 영의 감각은 깨어나고 영들의 분별이 자연스러워집니다.

거짓 선지자들을 삼가라 양의 옷을 입고 너희에게 나아오나 속에는 노략질하는 이리라 (마7:15)

과거 어느 분의 간증을 들은 적이 있습니다. 학생 부서를 담당하는 전도사님의 설교를 듣고 있는데 말씀을 듣는 도중 영안이 열리셨다고 합니다. 그런데 전도사님의 말씀을 타고 흘러나오는 것들이 빛이 아닌 어둠이었고, 설교를 할수록 어둠이 예배당을 덮으며 아이들의 영혼을 잠들게 하는 것을 보고 큰 충격을 받았다는 내용이었습니다.

기도하지 않고 거룩함 없이 세상 것으로 가득한 마음 상태에선 아무리 듣기 좋은 설교를 한다 해도 영적인 것은 영적으로 분별되기 때문에 속일 수 없습니다.

저도 이와 같은 경험을 종종 하곤 합니다. 기도하시는 목사님의 설교를 들을 때면 성령의 불이 임하는 것을 경험합니다.

(또한, 기도가 많이 쌓인 장소에 있으면 굳이 기도하지 않아도 성령님의 임재를 느낄 수 있습니다. 하루는 24시간 기도가 끊이지 않는 기도실에서 잠깐 낮잠을 청한 적이 있는데 일어나보니 '성령의 불'로 온몸이 뜨거워지고 영이 맑아지는 것을 경험한 적이 있습니다)

최근에 저희 교회에서 강사 목사님을 모시고 부흥회를 열었습니다. 한국 교회에서 '기도'로 정평이 나신 분이셨는데 역시나 다르셨습니다. 목사님의 설교 내내 머리부터 발끝까지 성령님의 충만함이 차곡차곡 임하며 제 영혼이 깨어나는 것을 느낄 수 있었습니다. 기도하시는 목사님이셨기 때문에 혼이 아닌 영을 터치하실 수 있으셨습니다.

그러나 기도하지 않는 목회자는 듣기 좋은 말로 혼의 영역은 얼마든지 만질 수 있어도 '영'은 절대 알지도 못하고 깨우지도 못합니다.

두려운 사실이지만 기도하지 않는 목회자의 설교는 성도들의 영혼을 잠들게 합니다. 저는 그런 설교를 들을 때면 괴로워서 의자에 앉아 있을 수가 없습니다. 남들은 느끼지 못하는 영적인 영역을 예민하게 느껴버리니 설교를 듣는 것이 어떤 때는 큰 곤욕이기도 합니다.

성경은 사람 속에 가득한 것을 말한다고 기록하고 있습니다. 영도 마찬가지입니다. 나의 영적인 상태가 말을 통해 묻어 나오게 됩니다. 그래서 사역자가 기도로 깨어있지 않고 거룩하지 않다면 지식적으로 아무리 좋은 설교를 한다 해도 성도들을 영을 깨울 수가 없습니다.

선한 사람은 마음에 쌓은 선에서 선을 내고 악한 자는 그 쌓은 악에서 악을 내나니 이는 마음에 가득한 것을 입으로 말함이니라 (눅 6:45)

기도로 분별하라

 과거 주일 예배를 드리고 집으로 돌아오는 길에 고향 교회에서 친하게 지냈던 누나를 만났습니다. 누나는 청년부 예배를 드리러 가는 길이었고 새롭게 옮긴 교회가 궁금했던 저는 누나를 따라 예배에 참석했습니다.

 수많은 청년들이 예배당을 채웠습니다. 담임목사님이 등단하시고 기도를 인도하시는데 수백 명이나 되는 청년들이 드리는 기도 소리보다 제 기도 소리가 훨씬 더 컸습니다. 당황한 저는 눈을 뜨고 주위를 둘러봤습니다. 눈에 들어온 청년 대부분은 눈을 감고 고개를 푹 숙이고 입을 열지 못했습니다. 건강한 사람은 소리부터 크고 우렁찹니다. 반대로 건강하지 못한 사람은 소리의 힘이 없습니다. 영도 마찬가지입니다. 영이 건강한 사람은 부르짖어 기도합니다. 소리내서 기도하지 못하는 이유는 영이 건강하지 않기 때문입니다. 굉장히 의아했습니다. 도대체 무엇이 문제이기에 청년들이 부르짖어 기도하지 못할까 안타까웠습니다.

(묵상기도는 오랜 시간 부르짖어 기도하고 혼의 어둠이 걷히고 영적으로 깊이 들어갈 때 할 수 있는 기도입니다. 부르짖는 기도를 통과하지 않고 단지 눈을 감고 내면으로 기도를 드리는 것은 초보적인 수준이며 온갖 잡념을 끌어드릴 수 있는 위험이 있습니다. 기도의 시작은 입을 열고 소리를 내는 것입니다)

그런데 목사님의 설교가 시작되고 채 10분이 되지 않아 저는 그 이유를 알게 되었습니다. 목사님의 말씀을 통해 영이 흘러나왔습니다. 거룩함이 아니었습니다. 온갖 세상의 더러운 것들이 전해졌습니다. 제 영이 고통스러웠습니다. 몸을 배배 꼴 정도로 힘들었고 구토가 나왔습니다. 저는 도저히 설교를 들을 수 없어서 도망치듯 예배당을 빠져나왔습니다.

(기도를 통해 영이 예민해질수록 영적인 세계를 분별하기 쉬워집니다. 후에 알고 보니 목사님은 성령 사역을 부정한다고 하셨습니다. 자신이 속한 교단 신학과 전통에 의해 성령 사역하시는 목사님들을 이단으로 정죄했고, 성도들에게 잘못 가르친다는 이야기를 들었습니다. 교회 청년 중 하나는 방언으로 기도하는 자신을 틀렸다고 정죄하는 교역자에게 상처를 받아 교회를 떠났다고 합니다. 성령님을 입으로는 시인하나 행위로는 부인하니 제가 겪은 영의 고통은 당연한 결과였습니다. 지극히 제 개인적인 경험입니다)

우리가 이것을 말하거니와 사람의 지혜가 가르친 말로 아니하고 오직 성령께서 가르치신 것으로 하니 영적인 일은 영적인 것으로 분별하느니라 (고전2:13)

설교뿐만 아니라 찬양을 통해서도 영이 흘러나옵니다. 요즘 유튜브를 켜면 수많은 사역 단체와 교회의 찬양 영상이 홍수처럼 쏟아지고 있습니다. 화려한 영상과 듣기 좋게 작업한 보컬과 악기 소리는 듣는 이들의 마음을 훔치곤 합니다.

그러나 듣기 좋고 보기 좋은 영상이 좋은 찬양이 아님을 명심하셔야 합니다. 저도 유튜브를 통해 찬양을 자주 접하고 듣습니다. 음악을 전공한 사람들이 연주하고 노래하니 귀로 듣기는 얼마나 좋겠습니까? 그러나 혼의 영역에서는 얼마든지 좋을 수 있어도 하나님의 임재가 느껴지지 않는 찬양들도 많이 있습니다. 중요한 것은 찬양 스킬과 영상 편집이 아닌, 찬양하는 성도의 거룩과 기도 생활입니다.

그런데 유독 어느 교회 찬양 팀의 찬양에서 하나님의 임재를 느낄 수 있었습니다. 저와 하나님 사이의 관계 가운데 부어지는 임재 외에 그들의 찬양을 통해 더 깊이 임하는 은혜를 경험할 수 있었습니다.

알고 보니 매일 수 시간씩 기도의 제단을 쌓는 교회였고 성도들에게 기도를 강조하는 목사님이셨습니다.

즉, 매일 기도의 제단을 통과하며 나를 부인하고 하나님의 통치 안에서 올려드렸던 찬양이었기 때문에 하나님의 은혜가 임했던 것입니다.

우연한 기회로 교회 담임 목사님을 만나 뵙게 됐습니다. 저는 평소 예배를 통해 받은 은혜에 대해 목사님께 말씀드렸습니다.

"목사님 유튜브 예배를 통해 늘 은혜받고 있습니다. 유독 찬양 가운데 하나님의 임재를 강하게 느끼곤 합니다."

"전도사님 임재를 느끼시네요. 우리 교회는 기도하는 교회이기 때문에 성전에 늘 하나님의 임재가 함께하고 계십니다."

이스라엘의 찬송 중에 계시는 주여 주는 거룩하시니이다 (시22:3)

신앙생활은 영적 생활입니다. 눈에 보이지 않는 영적인 세계를 분별하는 마음의 눈(엡1:18)이 밝아지는 만큼 우리는 내 영혼을 지키고 세상에서 구별되어 살아갈 수 있습니다. 들려지고 보여지는 것 이면에 있는 영의 본질을 분별하는 방법은 오직 기도입니다.

　기도를 통한 영 분별은 '인간관계'에서 하나님의 인도와 보호하심을 경험할 수 있습니다. 흔히 느낌이 쎄한 사람은 피해야된다는 말을 하곤 하는데 저도 종종 느낌이 쎄한 사람을 만나곤합니다. 그 사람과 대화를 나누어 보기도 전, 처음 보는 순간 '탁'하고 거부되는 마음이 있습니다. 그러면 저는 본능적으로 그사람과 거리를 두고 관계를 멀리합니다. 왜냐하면, 경험상 결국제게 해를 가하는 사람이기 때문입니다. 경험상 그런 사람들의특징은 '이단'이거나 세상 적이고 영적으로 음란하며 외식하는사람들입니다.

　하지만 반대인 경우도 있습니다. 누군가 처음 봤을 때 혼의영역을 거치지 않고 영으로 먼저 친밀한 사람이 있습니다. 하루는 신대원 수업 중 전도사님 한 분이 교수님께 질문하는 것을들었습니다. 순간 저는 전도사님의 목소리에서 '기도하는 사람'이라는 마음의 감동을 받았습니다. 수업이 끝나고 전도사님께인사를 드리고 이런 저런 대화를 나누었습니다. 전도사님은저와 신앙의 결이 비슷한 분이셨습니다. 짧은 시간이었지만대화가 통했고 마음이 통했고 영이 통했습니다. 전도사님은

신대원에서 자신과 비슷한 동역자를 만나길 기도하고 있었다고
했습니다. 지금은 둘도 없는 동역자로 서로 의지하며 사역을
하고 있습니다.

기도하는 사역자

사역자인 제가 하나님께 감사한 것이 하나 있습니다. 저는 사역을 시작한 처음부터 지금까지 모든 순간을 성령님의 임재 안에서 행했습니다. 성령 충만하지 않으면 사람의 열심과 의가 드러나는 것을 알기 때문에 사역 현장에서 쉼 없이 기도하려고 몸부림치고 있습니다. 기도하고 찬양했고, 기도하고 말씀을 전했고, 기도하고 단에 올라가 기도를 인도했습니다. 기도해서 성령의 임재가 저를 감싸는 것을 느낄 때 단에 올라갔고 성령님께서 저를 더욱 통치하시는 것을 오감으로 느끼며 예배를 인도했습니다. 성령님께서 저를 통해 일 하시는 것을 알았기 때문에 소리 지를 필요도 없었고 인간적인 힘이 들어갈 이유도 없었습니다. 의식의 반은 성도를 향했지만, 의식의 반은 성령님의 임재를 집중하며 사역했습니다. 그래서 마음 문을 열고 예배하는 성도들에게 하나님의 만지심이 있음을 경험하고 있습니다.

(평소에 규칙적인 기도생활 없이 예배 전 잠깐 성령님의 임재를 구하는 것과, 늘 기도생활을 지속하고 성령님의 임재를 오감으로 느끼며 단에 서는

것은 말 그대로 하늘과 땅 차이입니다)

이는 우리 복음이 너희에게 말로만 이른 것이 아니라 또한 능력과 성령과 큰 확신으로 된 것임이라 (살전 1:5)

사역은 성령의 능력으로 하는 것입니다. 오직 기도할 때 성령 충만 받을 수 있고 성령에 이끌리어 성령이 쓰시는 사람이 될 수 있습니다. 그래서 사역자에게 가장 중요한 덕목 중 하나는 바로 기도입니다. 기도하는 사역자는 자신의 인생, 영혼을 사랑할 줄 아는 사람입니다. 내 영혼, 내 인생을 사랑하는 자만이 성도들의 인생과 영혼을 사랑할 줄 압니다. 나를 사랑하는 사역자가 기도하는 것처럼 성도를 진심으로 사랑하는 자는 성도를 위해 기도하고 성도들이 기도할 수 있도록 가르치고 권면하고 기도의 자리로 인도합니다.

기도하지 않으면 신앙생활을 할 수 없습니다. 기도하지 않고도 얼마든지 교회는 다닐 수 있고 종교 생활은 할 수 있어도 성경이 말하는 신앙생활은 할 수 없습니다. 성령으로 몸의 행실을 죽이며 성령으로 인도받는 신앙생활은 오직 기도할 때 가능합니다. 다른 방법은 없습니다.

그래서 저는 성도들에게 기도를 강조합니다. 기도 운동을 일으키고 있고 기도의 본을 보이려고 몸부림치고 있습니다. 제가 어린이 기관 선생님들에게 3년 동안 일관되게 강조하는 것은 바로 기도입니다.

기도의 절대적인 중요성과 가치, 은혜와 능력을 경험으로 아는 사역자는 성도들을 기도의 자리로 인도할 수밖에 없습니다.

하나님께 감사한 것은 어린이 기관 선생님들이 기도의 사람이 되었다는 것입니다. 선생님들이 기도라는 본질을 통해서 자신의 내면과 삶이 변화되는 은혜를 경험하고 있습니다.

기도를 통해 성령님의 임재 안에서 살아가는 선생님들을 볼 때마다 얼마나 기쁘고 감사한지 모릅니다. 신앙생활은 기도 생활이라고 고백하는 선생님들을 볼 때면 사역의 본질이 무엇인지 다시금 깨닫고 방향을 다잡을 수 있습니다. 선생님들의 고백은 힘든 사역 현장에서 큰 위로가 됩니다.

"전도사님의 사역을 통해 삶이 변했습니다. 그동안 제가 무엇을 한 것인지 모르겠습니다."

"제게 기도하라고 말씀해 주셔서 감사해요."

"우리 엄마가 전도사님을 만나고 많이 변했어요"

기도하는 교회는 사역자가 먼저 기도할 때 가능합니다. 물이 위에서 아래로 흐르듯 은혜도 위에서 아래로 흐릅니다. 마찬가지로 사역자가 기도할 때 성도들에게 은혜가 흘러갑니다. 기도하는 사역자가 인도하는 예배는 살아있고 살아있는 예배를 통해 성도들은 영혼의 쉼과 회복을 경험할 수 있습니다.

04
기도로 승리하는 신앙생활

기도로 성령 충만하라

우리가 삶의 필요와 문제 해결을 위해 기도하지만 제일 우선적으로 기도하고 응답받아야 할 기도 제목은 바로 성령 충만입니다. 성령 충만이 곧 하나님의 통치와 다스림을 받는 분량이고 태초에 아담과 하와가 하나님 안에서 존재했던 모습이기 때문입니다.

이 땅에 죄가 들어오기 전, 아담과 하와는 머리부터 발끝까지 성령으로 충만했습니다. 그들에게는 어둠이 전혀 없었고 하나님의 영광이 그들을 감쌌으며 그들은 하나님의 영광 안에 거닐며 피조세계를 하나님의 뜻대로 다스리는 영적 존재였습니다.

그들의 혼(지, 정, 의)은 성령으로 다스림을 받았고, 그들의 육신은 혼의 다스림을 받았으며 성령의 다스림을 받는 그들의 삶을 통해 피조세계는 하나님의 뜻이 이루어지는 하나님의 나라로 존재했습니다.

하나님이 그들에게 복을 주시며 하나님이 그들에게 이르시되 생육하고 번성하며 땅에 충만하라, 땅을 정복하라, 바다의 물고기와 하늘의 새와 땅에 움직이는 모든 생물을 다스리라 하시니라 (창1:28)

그러나 그들은 하나님께 범죄 했고 죄의 값으로 인류에게 사망이 들어 왔습니다. 그 결과 인간은 더 이상 하나님의 영에 인도받지 못하고 죄의 다스림을 받는 비참한 존재로 전락하고 말았습니다.

죄를 짓는 자는 마귀에게 속하나니 마귀는 처음부터 범죄함이라 하나님의 아들이 나타나신 것은 마귀의 일을 멸하려 하심이라 (요한1서 3:8)

여호와께서 이르시되 나의 영이 영원히 사람과 함께 하지 아니하리니 이는 그들이 육신이 됨이라 그러나 그들의 날은 백이십 년이 되리라 하시니라 (창6:3)

하나님의 영에 인도받아 하나님의 말씀대로 이 땅을 바라보고 다스렸던 영적 존재가, 죄로 인해 세상 신의 인도를 받고 세상 신의 뜻대로 이 땅을 파괴하는 타락한 육적 존재가 되었습니다.

그 때에 너희는 그 가운데서 행하여 이 세상 풍조를 따르고 공중의 권세 잡은 자를 따랐으니 곧 지금 불순종이 아들들 가운데서 역사하는 영이라 (엡2:2)

성경은 죄를 짓는 자마다 마귀에게 속한다고 말씀하고 있습니다. 마귀가 하는 짓은 도둑질하고 죽이고 멸망시키는 일 밖에 없습니다. 마귀의 통치 가운데 고통 받던 인류에게 하나님께서는 예수 그리스도를 보내주시고 구원의 길을 열어주셨습니다.

자녀들은 혈과 육에 속하였으매 그도 또한 같은 모양으로 혈과 육을 함께 지니심은 죽음을 통하여 죽음의 세력을 잡은 자 곧 마귀를 멸하시며 또 죽기를 무서워하므로 한평생 매여 종 노릇 하는 모든 자들을 놓아 주려 하심이니 (히2:14-15)

예수님은 인류의 죄를 담당하시기 위해 죽으시고, 피를 흘리셨으며, 율법의 저주에서 우리를 속량하시기 위해 십자가에 달리셨습니다.

죄의 삯은 사망이요 (롬6:23)

생명이 피에 있으므로 피가 죄를 속하느니라 (레17:11)

그리스도께서 우리를 위하여 저주를 받은 바 되사 율법의 저주에서 우리를 속량하셨으니 기록된 바 나무에 달린 자마다 저주 아래에 있는 자라 하였음이라 (갈3:13)

예수님은 새 언약을 성취하기 위해서 십자가에서 죽으셨습니다. 새 언약의 핵심은 여호와의 영이 우리 안에 임하시는 것과 그 영으로 말미암아 하나님의 말씀을 지킬 수 있다는 것입니다.

여호와의 말씀이니라 보라 날이 이르리니 내가 이스라엘 집과 유다 집에 새 언약을 맺으리라 (렘31:31)

또 새 영을 너희 속에 두고 새 마음을 너희에게 주되 너희 육신에서 굳은 마음을 제거하고 부드러운 마음을 줄 것이며 또 내 영을 너희 속에 두어 너희로 내 율례를 행하게 하리니 너희가 내 규례를 지켜 행할지라 (겔36:26-27)

죄로 인해 떠났던 하나님의 영이 예수 그리스도를 믿음으로 우리 영 안에 임하셨습니다. 우리 안에 계신 성령님을 통해 하나님의 율례와 규례를 지켜 행할 수 있게 되었습니다. 세상 신이 통치하고 있는 이 땅을 우리 안에 계신 성령님을 따라 행하며 하나님의 나라로 변화시킬 수 있는 하나님의 자녀가 되었다는 것이 복음의 핵심입니다.

...너희 아버지께서 그 나라를 너희에게 주시기를 기뻐하시느니라
(눅12:32)

성경은 하나님의 자녀인 우리에게 '복음에 합당하게 생활하라'고 말씀하고 있습니다. 복음에 합당하게 생활하는 것은 인간적인 열심과 최선을 다해 하나님을 섬기고 교회 봉사 하는 것이 아닙니다.

복음에 합당한 삶이란 성령님의 인도를 받는 삶입니다. 세상의 철학과 초등학문, 불법으로 마음이 상하고 눌리는 것이 아닌, 성령님을 통해 날마다 마음을 새롭게 하여 하나님의 선하시고 기쁘시고 온전하신 뜻을 분별하며 살아가는 것입니다.

그리스도인들은 불법한 세상에 의해 몸과 마음이 영향 받는 존재가 아닙니다. 비록 우리가 살고 있는 땅이 악하고 음란할지라도 내 안에 계신 성령님께서 마음을 통치하시고 생각을 새롭게 하시어 말과 행동을 다스리실 때 우리는 성령으로 살게 되고 세상에서 빛과 소금의 역할을 감당할 수 있게 됩니다.

성령님을 통해 생명의 빛을 세상에 밝히며 하나님의 영광을

드러내는 존재로 우리는 부름 받았습니다. 세상의 기류를 역행하고 초월하는 것이 바로 그리스도인의 삶입니다.

오직 기도를 통해 성령 충만을 받을 수 있습니다. 성령으로 충만함을 받아야 성령으로 살아낼 수 있습니다. 성령으로 살아내는 것이야말로 하나님의 선한 뜻을 이 땅에 이루는 유일한 방법이며 성도의 마땅한 삶입니다.

만일 우리가 성령으로 살면 또한 성령으로 행할지니 (갈5:25)

절대적 성령 충만

　세상의 불법을 거슬러 진리를 따르는 삶은 내 힘과 노력으로 되지 않습니다. 오직 성령의 인도를 받을 때 가능합니다. 그래서 우리는 성령의 충만함을 절대적으로 받아야 합니다.

　성령 충만은 받아도 되고 받지 않아도 되는 문제가 아닙니다. 성령 충만은 악한 세대를 살아감에 있어서 살고 죽는 문제이며, 성경이 우리에게 요구하고 있는 그리스도인의 마땅한 모습입니다. 성령 충만한 삶이 곧 신앙생활이기 때문입니다.

　술 취하지 말라 이는 방탕한 것이니 오직 성령으로 충만함을 받으라 (엡5:18)

　성경은 우리에게 성령으로 충만함을 받으라고 말씀하고 있습니다. 술에 취한다는 것은 문자적인 해석뿐만 아니라 세상의 풍속에 취하지 말라는 의미입니다. 즉 세상에 취해 있지 말고 성령으로 충만하여 영적인 잠에서 깨어나 구원을 이루어 가라는 의미입니다.

...잠자는 자여 깨어서 죽은 자들 가운데서 일어나라... (엡5:14)

성령으로 충만함을 받으라는 말씀을 원어로 직역 하면 '계속해서 성령의 충만을 받은 상태로 있으라'는 의미입니다. 성령 충만은 침례를 받을 때 성도가 물에 완전히 잠기고 일어나는 것처럼 성령으로 우리의 모든 인격이 다스림을 받아 새롭게 되어 주의 뜻을 이루는 상태를 가르킵니다.

'충만함을 받으라'고 번역된 헬라어 '플레로오'는 현재 시제로 쓰여 있습니다. 우리는 기도를 통해 신선한 기름 부으심을 받고 성령의 충만함으로 지금을 살아내야 합니다. 하나님이 자녀인 우리에게 요구하시는 것은 '바로', '지금' 성령 충만한 상태로 거하는 것입니다. 또한 '플레로오'는 명령법으로 쓰여져 있습니다. 반드시 성령 충만을 받아야 한다는 하나님의 절대명령입니다. 기도는 해도 되고 안 해도 되는 문제가 아니며 기도를 통해 받는 성령 충만도 반드시 받아야 하는 주님의 절대 명령입니다.

에베소서 5장 15절은 성령 충만을 받아야 하는 대상이 나오는데 '너'가 아닌 '너희'입니다. 이는 복수를 의미하며 에베소

교회와 모든 성도가 반드시 성령 충만을 받아야 한다는 의미입니다.

오직 성령이 너희에게 임하시면 너희가 권능을 받고 예루살렘과 온 유대와 사마리아와 땅 끝까지 이르러 내 증인이 되리라 하시니라 (행1:8)

예수님께서는 승천하시기 전 제자들에게 약속하신 성령을 기다리라는 말씀을 하셨습니다. 예수님의 말씀을 받은 사람들은 마음을 같이 하여 오로지 기도에 힘썼고 오순절 마가의 다락방에서 그들은 성령의 충만함을 받았습니다.

성경이 증거하고 있는 것처럼 성령의 충만함을 받을 수 있는 비결은 바로 기도입니다. 우리가 회개하고 성령 충만을 구하는 것은 하나님의 뜻대로 드리는 기도이기 때문에 반드시 응답됩니다.

내가 처한 상황과 교회의 영적인 분위기에 따라 시간이 다소 걸릴 수는 있지만, 반드시 응답되는 기도가 성령 충만입니다.

신앙생활은 하나님의 영으로 인도받는 영적 생활이기 때문에 성령의 도움없이는 신앙생활은 불가능합니다. 교회를 다니고 예배를 드리는 종교인은 될 수 있어도 기도하여 성령 충만을 받지 않는다면 성경이 증거하고 있는 하나님의 은혜와 능력은 경험할 수 없습니다.

육신의 생각은 사망이요 영의 생각은 생명과 평안이니라 (롬8:6)

기도로 사랑하라

그리스도인으로서 사랑해야 한다는 주님의 말씀을 알지만 사랑이 말처럼 쉽지 않습니다. 불법이 성하므로 많은 사람이 사랑이 식어지는 (마24:12) 이때에 내 몸 하나 건사하고 믿음을 지키는 일도 어려운데, 이웃을 돌보고 사랑한다는 것은 결코 쉬운 일이 아닙니다. 사역을 하는 전도사지만 어쩌면 이렇게 내 안에 주님의 사랑이 없을까 한탄할 때도 많은 것이 사실입니다. 하지만 성경에서 말씀하고 있는 사랑은 인간의 노력으로 하는 인본적인 사랑을 뜻하지 않습니다. 죄로 인해 타락한 인간에게는 주님을 사랑하고, 내 영혼을 사랑하고, 이웃을 사랑할 수 있는 진실이 없는 것을 하나님은 아십니다. 그래서 하나님은 우리에게 보혜사 성령님을 보내주셨고 성령님의 도움으로 하나님의 사랑을 가능하게 하셨습니다.

예수께서 이르시되 네 마음을 다하고 목숨을 다하고 뜻을 다하여 주 너의 하나님을 사랑하라 하셨으니 이것이 크고 첫째 되는 계명이요 둘째도 그와 같으니 네 이웃을 네 자신 같이 사랑하라 하셨으니 이 두 계명이 온 율법과 선지자의 강령이니라 (마22:37-40)

위의 말씀을 보면 크고 첫째 되는 율법의 계명은 하나님을 사랑하는 것입니다. 둘째 계명도 하나님을 사랑하는 것과 같다고 말씀하고 있는데 바로 나 자신을 사랑하는 것과 같이 이웃을 사랑하는 것입니다.

말씀을 하나씩 살펴보도록 하겠습니다. 첫째로 하나님을 사랑하는 방법입니다. 로마서 3장10-12절에는 기록된바 의인은 없나니 하나도 없으며 깨닫는 자도 없고 하나님을 찾는 자도 없고 다 치우쳐 함께 무익하게 되고 선을 행하는 자는 없나니 하나도 없다고 말씀하고 있습니다. 즉 죄 아래 거하는 인간은 하나님을 찾지도 알지도 사랑할 수도 없다는 말씀입니다. 그렇기 때문에 우리가 하나님을 사랑하기에 앞서 우리를 향한 하나님의 자기 계시와 사랑이 필요합니다.

우리가 아직 죄인 되었을 때에 그리스도께서 우리를 위하여 죽으심으로 하나님께서 우리에 대한 자기의 사랑을 확증하셨느니라 (롬5:8)

하나님이 우리를 사랑하시는 사랑을 우리가 알고 믿었노니… (요한1서4:16)

사도 요한은 하나님의 사랑을 우리가 알고 믿었다고 고백하고 있습니다. 성경에서 '알다'라는 단어는 단순히 지식적인 동의가 아닌 경험으로 아는 지식과 인식을 뜻합니다. 다시 말해 허물과 죄로 죽었던 우리를 구원하시기 위해 예수 그리스도를 이 땅에 보내어 죽이심으로 죄인을 사랑하시는 하나님의 사랑을 먼저 증명하셨고 우리가 그 사랑을 경험으로 알게 될 때 하나님을 믿을 수 있게 되었습니다. 하나님이 먼저 우리를 사랑하셨기 때문에 우리가 하나님을 사랑할 수 있게 되었다는 말씀입니다.

그런데 문제가 하나 있습니다. 하나님의 사랑도 경험으로 알고 있고, 하나님을 사랑하고 있지만 지금 내가 구원의 감격과 첫사랑의 순수함만큼 하나님을 사랑하고 있느냐 하는 것입니다. 많은 사람이 이 질문에 대해 자신 있게 대답하지 못합니다. 그렇다면 왜 우리가 첫사랑의 순수함만큼 하나님을 사랑하지 못하는 것일까요? 여러 이유가 있지만 바로 성령 충만하지 않기 때문입니다.

...우리에게 주신 성령으로 말미암아 하나님의 사랑이 우리 마음에 부은 바 됨이니 (롬5:5)

성경은 성령님으로 말미암아 우리 마음에 하나님의 사랑이 부어졌다고 말씀하고 있습니다. 우리가 구원받을 때 성령님의 역사로 예수님의 십자가 사랑이 깨달아집니다. 이것이 성령님을 통해 일차적으로 우리 마음에 임하는 하나님의 사랑입니다. 나아가 구원받은 성도는 성령 충만함으로 나를 향한 하나님의 사랑을 깊이 있게 경험하고 깨달을 수 있습니다. 그래서 성경은 성령을 소멸하지 말라고 말씀하고 있습니다. 죄로 인해 성령을 소멸할수록 하나님의 사랑도 멀게 느껴지기 때문입니다.

성도는 날마다 영으로 기도하여 성령 충만을 받아야 합니다. 성령 충만한 만큼 하나님의 사랑을 알고 하나님을 사랑할 수 있게 됩니다. 마음을 다하고 목숨을 다하고 뜻을 다하여 하나님을 사랑하는 것은 육체의 본성과 이성을 뛰어넘는 일입니다. 전인격을 다해 하나님을 사랑할 수 있는 유일한 방법은 오직 성령으로 가능합니다.

...그가 너로 말미암아 기쁨을 이기지 못하시며 너를 잠잠히 사랑하시며 너로 말미암아 즐거이 부르며 기뻐하시리라 (습3:17)

하나님의 사랑을 경험할 때 깨닫는 한 가지는 '나는 참 존귀한 자'라는 사실입니다. 세상 기준으로 보면 별 볼 일 없어도 창조주가 나를 사랑하신다는 사실을 깨닫게 되면 상처는 치유되고 자존감이 회복되는 것을 경험합니다. 하나님의 사랑을 아는 만큼 내가 나를 소중히 여기게 되며, 나아가 이웃도 나와 같이 사랑할 수 있게 됩니다. 내가 사랑하는 주님이 이웃을 위해 죽으셨다는 사실이 마음으로 깨달아지면 우리는 이웃의 영혼을 사랑하고 긍휼히 여길 수 있게 됩니다. 성경에서 말씀하는 이웃 사랑은 오직 성령의 역사로 가능합니다.

내가 예수 그리스도의 심장으로 너희 무리를 얼마나 사모하는지 하나님이 내 증인이시니라 (빌1:8)

사도바울은 빌립보 교인을 사랑할 때 인간적인 마음으로 사랑하지 않았습니다. 사도바울의 표현을 보면 '주님의 심장'으로 그들을 사랑한 것을 알 수 있습니다. 다시 말해, 사도바울은 그 누구보다 방언으로 기도를 많이 한 사람이었고 (고전14:18), 양질의 방언 기도를 통해 날마다 성령 충만을 누렸으며, 성령으로 마음을 새롭게 함으로 (롬12:2) 주님의 마음이 사도 바울에게 부어졌고, 주님의 마음으로(신적인 사랑) 빌립보 교인을 사랑할 수 있었습니다. (심장이란 헬라어 단어는 신약에서 심정, 마음, 긍휼이란 의미로 사용됐습니다) 오직 기도를 통한 깊이 있는 성령 충만을 경험할 때 신성한 성품에 참여할 수 있습니다. 그 결과 하나님의 사랑으로 나를 사랑하고 이웃을 사랑할 수 있게 되는 것입니다.

성령으로 이루는 말씀 순종

과거, 저는 자살하기 위해 올라간 옥상에서 하나님의 크신 은혜를 경험하고 구원받았습니다. 구원의 은혜가 어찌나 크고 감사한지 저는 열과 성을 다해 교회를 섬겼고 제가 할 수 있는 최선을 다해 하나님을 사랑했습니다. 한주에 10회 이상 예배를 참석했고, 할 수 있는 모든 봉사를 했습니다. 최선으로 교회를 섬기는 것이 옳은 줄 알았고 그렇게 배웠습니다. 그러나 제 열심과 반해 마음은 식어갔습니다. 열심으로 하나님을 섬기면 섬길수록 마음은 공허하고 메말라 갔습니다.

내가 증언하노니 그들이 하나님께 열심이 있으나 올바른 지식을 따른 것이 아니니라 하나님의 의를 모르고 자기 의를 세우려고 힘써 하나님의 의에 복종하지 아니하였느니라 (롬10:2-3)

그러던 어느 날, 저는 위로부터 임하는 성령의 충만함을 경험했고 제 인생은 180도 변했습니다. 마음에서 샘솟는 기쁨과 평강뿐만 아니라 제가 노력해도 지켜지지 않던 하나님의 말씀들이 삶에서 이루어지는 것을 경험했습니다.

굳이 말씀을 지키려고 율법적인 노력을 한 것이 아니었습니다. 내 안에 계신 성령님께서 친히 자신의 말씀을 이루시는 것을 경험했습니다. 이때 저는 순종의 비밀을 깨닫게 되었습니다.

사랑은 이웃에게 악을 행하지 아니하나니 그러므로 사랑은 율법의 완성이니라 (롬13:10)

새 계명을 너희에게 주노니 서로 사랑하라 내가 너희를 사랑한 것같이 너희도 서로 사랑하라 (요13:34)

너희 모든 일을 사랑으로 행하라 (고전16:14)

율법을 완성하기 위해 오신 예수님께서는 '사랑'이라는 새 계명을 우리에게 주셨습니다. 예수님은 수많은 율법의 말씀을 '사랑'으로 정의하셨습니다. 그런데 참 아이러니한 것이 하나 있습니다. 예수님은 모든 율법의 계명을 '사랑'으로 완성하셨는데 사복음서를 지나 이어지는 편지들은 우리가 해야 되고 하지 말아야 되는 수많은 말씀들이 나옵니다.

제가 성경을 읽으며 고민했던 부분이 이것입니다. 분명 예수님은 '사랑'이란 하나의 계명을 주셨는데 왜 제자들과 사도바울이 쓴 신약의 편지들은 지키고 행해야 되는 수많은 말씀들이 나오는지 마치 율법으로 회귀한 것 같은 생각도 들었습니다. 그러나 이것은 '새 언약'의 은혜를 몰라서 했던 제 착각이었습니다.

또 새 영을 너희 속에 두고 새 마음을 너희에게 주되 너희 육신에서 굳은 마음을 제거하고 부드러운 마음을 줄 것이며 또 내 영을 너희 속에 두어 너희로 내 율례를 행하게 하리니 너희가 내 규례를 지켜 행할지라 (겔36:26-27)

이르시되 이것은 많은 사람을 위하여 흘리는 나의 피 곧 언약의 피니라 (막14:24)

하나님께서는 율법에 실패한 이스라엘 백성과, 예수 그리스도를 통해 구원받을 모든 인류를 위해 '새 언약'을 선포하셨습니다. 새 언약의 핵심은 하나님의 영을 우리 안에 두시고 그 영으로 말미암아 우리가 하나님의 율례와 규례를 지켜 행할 수 있게 됐다는 것입니다.

즉 예수님이 오신 후 새 언약이 성취된 신약 시대를 살고 있는 우리는, 더 이상 내가 주체가 되어 하나님의 말씀을 지키려고 노력하는 것이 아닙니다. 내 안에 계신 성령님의 능력과 도움으로 하나님의 말씀을 지킬 수 있게(이루어 갈수 있게) 되었습니다.

그러므로 나의 사랑하는 자들아 너희가 나 있을 때뿐아니라 더욱 지금 나 없을 때에도 항상 복종하여 두렵고 떨림으로 너희 구원을 이루라 너희 안에서 행하시는 이는 하나님이시니 자기의 기쁘신 뜻을 위하여 너희에게 소원을 두고 행하게 하시나니 (빌2:12-13)

위의 말씀을 보면 구원을 이루어가는 (말씀에 순종하는) 주체는 내가 아닌, 내 안에 계신 하나님 (성령 하나님)이신 것을 분명히 알 수 있습니다.

이제는 우리가 얽매였던 것에 대하여 죽었으므로 율법에서 벗어났으니 이러므로 우리가 영의 새로운 것으로 섬길 것이요 율법 조문의 묵은 것으로 아니할지니라 (롬7:6)

무릇 하나님의 영으로 인도함을 받는 사람은 곧 하나님의 아들이라 (롬8:14)

그래서 성경은 우리에게 영의 새로운 것, 즉 율법적인 행위에서 벗어나 성령의 인도를 받아야 만 구원을 이루어가는 자녀의 삶을 살 수 있다고 말씀하고 있습니다. 신앙생활의 주체는 내가 아니라 내 안에 계신 성령님이십니다.

그런즉 너희가 어떻게 행할지를 자세히 주의하여 지혜 없는 자가 같이 하지 말고 오직 지혜 있는 자 같이 하여 세월을 아끼라 때가 악하니라 ... 술 취하지 말라 이는 방탕한 것이니 오직 성령으로 충만함을 받으라 (엡5:15-18)

내 안에 계신 성령님을 통해 우리가 주의 말씀을 순종하는 삶이 '구원을 이루어가는 삶'입니다. 사도바울은 악한 시대에서 세월을 아끼기 위한 방법으로 성령으로 충만함을 받으라고 말씀하고 있습니다. 여기서 '아끼다'라는 단어는 시간을 절약하고 지혜롭게 사용하라는 의미가 아닙니다. '아끼다'의 원어적인 의미는 '속량하다' '구속하다'입니다. 즉 패역한 세대에서 구원을 받으라 (행2:40)는 말씀처럼 악한 세대에서 성령으로 인도함 받는 구원을 이루어가는 삶을 살라는 의미입니다.

다시 말해, 나의 언행심사와 더불어 자유의지, 양심까지 성령으로 통치함을 받을 때(성령 충만) 성령으로 인도함을 받을 수 있다는 말씀입니다.

우리 안에 계신 하나님은 사랑(요일4:8) 이십니다. 우리가 성령의 이끌림을 받을 때 사랑이신 하나님의 성품이 우릴 통해 나타나게 됩니다. 내 안에 계신 예수님이(사랑) 나를 통해 일하실 때 예수님이 말씀하신 새 계명을(사랑) 이룰 수 있게 되는 것입니다.

볼지어다 내가 문 밖에 서서 두드리노니 누구든지 내 음성을 듣고 문을 열면 내가 그에게로 들어가 그와 더불어 먹고 그는 나와 더불어 먹으리라(계3:20)

내가 아닌 사랑의 본체 되신 성령 하나님께서 나를 통해 행하시니 우리는 모든 일을 사랑으로 행할 수 있게 됩니다.

뿐만 아니라 신약의 서신에서 나오는 '하라', '하지 마라'는 말씀들도 성령에 이끌림을 받을 때, 성령님께서 친히 자신의 말씀(뜻)을 우리를 통해 이루시게 됩니다. 내가 수많은 신약의 계명들을 율법처럼 외우고 지키는 것이 아닙니다. 단지 성령에 인도함을 받을 때 상황에 필요한 주님의 말씀이 성령님을 통해 지켜지고 이루어지는 것이 신약을 살아가는 성도의 순종입니다.

그렇기 때문에 복음에 합당한 삶을 살기 위해서 우리는 절대적으로 성령 충만을 받아야 합니다. 성령 충만 가운데 우리는 성령으로 몸의 행실을 죽이며 하나님의 영으로 인도받을 수 있습니다. 이는 기도로 가능합니다. 기도는 선택이 아닌 필수이며 신앙생활에 절대적인 요소입니다. 기도하지 않는다면 우리는 절대 성령으로 인도받을 수 없습니다.

기도로 드리는 All 라인 예배

코로나 펜데믹으로 예배가 제한됨에 따라 많은 성도들의 믿음이 약해지는 것을 볼 수 있습니다. 알곡과 가라지가 갈리듯 마지막 때를 실감하며 깨어나는 성도가 있는 반면, 세상을 따라가며 영혼이 잠드는 성도도 있습니다.

하나님께서 코로나 펜데믹을 허락하신 많은 이유가 있겠지만 그중 하나는 교회를 흔드시며 진짜 예배자를 찾는 것이 아닐까? 라는 생각을 지울 수 없습니다. 하나님이 찾으시는 예배자는 오프라인과 온라인을 초월하는 all-line 예배자입니다. 하나님은 영이시기 때문에 시공간을 초월하여 존재하시고 온 땅에 충만하십니다. 그래서 내가 어디에 있든 예수 그리스도 안에서 진리의 영 되신 성령님을 통해 하나님을 예배할 수 있습니다. 이것이 신약을 살아가는 성도가 드려야 할 마땅한 예배이며, 믿음의 시험과 핍박 가운데도 시대를 감당하고 끝까지 믿음을 지킬 수 있는 방법입니다.

우리는 예수님과 사마리아 여인이 나눈 대화를 통해 하나님께서 인정하시고 받으시는 참 예배가 무엇인지 배울 수 있습니다.

우리 조상들은 이 산에서 예배하였는데 당신들의 말은 예배할 곳이 예루살렘에 있다 하더이다 (요4:20)

사마리아 사람들은 그리심 산에서 예배했고, 유대인들은 예루살렘에서 예배 했습니다. 여자는 어느 곳에서 드리는 예배가 옳은 예배인가? 라는 질문을 하지만, 예수님의 대답은 여자의 질문과 상관없는 말씀을 하십니다.

예수께서 이르시되 여자여 내 말을 믿으라 이 산에서도 말고 예루살렘에서도 말고 너희가 아버지께 예배할 때가 이르리라 (요4:21)

예수님의 대답은 장소의 옳고 그름이 아니었습니다. 오히려 공간의 제약을 뛰어넘어 우리가 직접 하나님께 예배할 때가 이른다고 말씀 하십니다. 여기서 '때'는 예수 그리스도의 십자가 죽음과 부활, 승천, 보혜사 성령 강림을 통해 새 언약이 성취되는 구원의 날을 나타냅니다. 즉 우리가 예수 그리스도 안에서 하나님께 직접 예배할 수 있다는 말씀입니다.

아버지께 참되게 예배하는 자들은 영과 진리로 예배할 때가 오나니 곧 이 때라 아버지께서는 자기에게 이렇게 예배하는 자들을 찾으시느니라 하나님은 영이시니 예배하는 자가 영과 진리로 예배할지니라 (요4:23-24)

우리가 잘 알고 있는 이 말씀은 '그리스도 안에 있는 내가' '누구를 통해' 하나님께 예배할 수 있는지를 가르쳐 주고 있습니다. '영과 진리'라는 단어는 하나의 관사로 묶여 있습니다. 영과 진리가 각각 다른 것을 의미하는 것이 아닌 하나를 의미하고 있는데 '진리의 영이신 성령님'을 가리키는 것을 성경을 통해 알 수 있습니다.

그는(성령님) 진리의 영이시라 (요14:17)

하나님께서는 예수 그리스도 안에 있는 하나님의 자녀들이 성령님을 통해 드리는 (삶의) 예배를 받으십니다. 24절은 '예배할지니라'고 말씀하고 있습니다. 이 단어의 헬라어 원어를 살펴보면 must의 의미로 반드시 그렇게 해야 함을 강조하고 있습니다. 즉 하나님께서 받으시는 예배는 삼위일체 예배로써 1) 예수 그리스도 안에서 2) 성령님을 따라 행하여 3) 하나님을 경배하고 하나님의 통치와 다스림을 받는 것입니다.

하나님의 성령으로 봉사하며... (빌3:3)

'봉사하며'라는 헬라어 단어는 '예배하다', '종교적인 경의를 표하다'라는 의미도 있습니다.

즉, A.W. 토저의 말처럼 성령의 임재가 없는 예배는 형식이고 쇼일 뿐입니다. 코로나 시대에 우리가 훈련하고 드려야 하는 예배는 성령이 충만히 임재하시는 예배를 통해 하나님의 영광을 체험하고 나를 부인하는 것입니다.

삶의 순간순간 성령님의 감화 감동으로 나의 주권, 생각, 뜻, 욕심을 부인하며 하나님의 주권을 인정하고 하나님의 뜻으로 내 마음이 새로워지는 것이 (삶의)예배의 본질입니다. 내가 거룩한 산 제물이 되어 주께 드려지는 것이 예배입니다. 내가 죽고 주가 사시는 것이 예배의 핵심입니다.

솔로몬이 기도를 마치매 불이 하늘에서부터 내려와서 그 번제물과 제물들을 사르고 여호와의 영광이 그 성전에 가득하니 여호와의 영광이 여호와의 전에 가득하므로 제사장들이 여호와의 전으로 능히 들어가지 못하였고 이스라엘 모든 자손은 불이 내리는 것과 여호와의 영광이 성전 위에 있는 것을 보고 돌을 깐 땅에 엎드려 경배하며 여호와께 감사하여 이르되 선하시도다 그의 인자하심이 영원하도다 하니라 (대하7:1-3)

성경에서 사용하는 '예배'라는 단어는 시기와 형편에 따라 표현의 차이가 있지만, 그 내용과 의미는 거의 일치하고 있습니다. 구약에서 사용되는 예배의 단어 중 하나는 '아바드'입니다. 이 단어는 경배의 개념뿐만 아니라 봉사하다, 일하다 등의 의미도 가지고 있습니다. 그러므로 우리는 성령님을 따라 행하는 삶과 일, 학업을 통해 얼마든지 하나님을 예배할 수 있습니다. 삶의 예배는 기도를 통해 나를 부인할 때 가능합니다. 성령에 이끌리는 예배자의 삶은 오직 기도를 통과할 때 가능합니다.

...이방인을 제물로 드리는 것이 성령 안에서 거룩하게 되어 받으실 만하게 하려 하심이라 (롬15:16)

지금은 기도할 때입니다. 코로나 펜데믹으로 교회의 예배는 제한되고 성도들의 삶과 믿음은 무너지는 것을 보게 됩니다. 예배의 제한으로 믿음에 부정적인 영향을 끼치는 것은 사실이지만 엄밀히 말하면 그것은 본질이 아닌 부차적인 문제입니다.

연약한 믿음이, 혹은 믿음 없음이 코로나 바이러스를 통해 드러난 것뿐입니다. 내 안에 생명의 근원이며 생수 되신 예수님이 계십니다. 예배는 시공간을 초월하여 존재하신 영이신 하나님께 드리는 것입니다. 오직 기도를 통해 하늘에 계신 하나님이 아닌, 내 안에 계신 주님께 접속되어 생명을 공급받을 수 있습니다.

기도를 통해 주님과 생명적인 관계를 누리는 자는 어디에 있든 성령의 임재 안에서 하나님을 예배할 수 있습니다. 지금 우리에게 필요한 것은 영으로 기도하며 성령님께 인도받는 삶의 예배를 훈련하는 것입니다.

회개는 축복입니다

20대 초반, 반복되는 죄로 고통받던 제게 주님은 '회개는 축복이다'는 감동을 주시며 죄가 얼마나 두려운 것인지 깨닫게 하셨습니다. 육신의 타락한 본능에 이끌려 죄를 지으면 지을수록, 죗값으로 지불되는 영혼의 고통과 근심은 제 삶을 조금씩 파괴하고 있었습니다. 그때 저는 회개는 나를 억압하고 제한하는 것이 아닌 삶의 문제와 고통에서 해결 받는 유일한 길임을 깨달았습니다.

너는 하나님과 화목하고 평안하라 그리하면 복이 네게 임하리라
(욥22:21)

신앙생활은 예수 그리스도 안에 있는 내가 성령을 따라 행하며 하나님의 통치를 받는 삼위일체 하나님과 교제하는 화목한 삶입니다. 죄로 타락한 인류는 예수 그리스도의 피를 힘입어 하나님 앞에 의롭다 하심을 얻고(화목하게 되었고), 의인된 하나님의

자녀는 성령을 따라 행하며 하나님과 화목한 관계 안에서 복과 은혜를 누릴 수 있게 되었습니다. 그런데 하나님과의 샬롬을 통해 주어지는 복과 은혜를 누리지 못하도록 방해하는 세력이 있습니다. 그것은 바로 죄입니다.

여호와의 손이 짧아 구원하지 못하심도 아니요 귀가 둔하여 듣지 못하심도 아니라 오직 너희 죄악이 너희와 너희 하나님 사이를 갈라 놓았고 너희 죄가 그의 얼굴을 가리어서 너희에게서 듣지 않으시게 함이니라 (사59:1-2)

성경은 죄로 인해 하나님과 우리 사이가 갈라졌다고 말씀하고 있습니다. 우리가 회개하지 않는 죄의 분량만큼 하나님과 멀어지게 되고 하나님이 주시는 은혜를 죄의 담에 막혀 누릴 수 없게 됩니다.

또한, 하나님과 멀어진 틈 사이로 죄를 통해 역사하는 마귀의 영향력에 놓이게 됩니다. 성경은 '죄를 짓는 자마다 마귀에게 속한다'고 말씀하고 있습니다.

죄의 값은 사망입니다. 말씀의 공의에 따라 우리가 죄를 짓고 회개하지 않는 분량만큼 내 삶에 어둠이 역사할 수 있는 합법적인 문을 열어주게 됩니다. 회개하지 않기 때문에 죄의 문은 열리게 되고 열린 문을 통해 마귀는 역사하고 죄의 값으로 고통을 받게 됩니다.

도둑이 오는 것은 도둑질하고 죽이고 멸망시키려는 것뿐이요 내가 온 것은 양으로 생명을 얻게 하고 더 풍성히 얻게 하려는 것이라 (요10:10)

예수님이 이 땅에 오신 이유는 우리에게 잃어버린 하나님의 생명을 주시고 이 땅에서 풍성한 은혜를 누리게 하기 위함이지만 죄는 우리를 파괴합니다. 그래서 회개는 축복입니다. 회개는 죄로 인해 하나님과 막힌 담을 허물고 담을 통해 역사하는 사망의 증상을 무효시키는 능력이 있습니다. 회개는 나의 자유를 침해하는 것이 아닙니다. 회개는 죄로 인해 마귀에게 억압받는 인생의 묶임을 풀어주는 유일한 방법입니다.

…생명 얻는 회개… (행11:18)

그런데 많은 성도가 회개를 달가워하지 않습니다. 타락한 마음과 그 속에 자리 잡은 죄가 회개를 촉구하는 말씀을 듣기 싫어합니다. 내가 여전히 인생의 주인이 되고 마음의 중심에 하나님 두기를 싫어하기 때문에 회개하지 않습니다. 회개를 외치면 눈을 부릅뜨고 사역자를 대적하는 것을 경험하기도 하는데 이것은 하나님을 오해하고, 마귀에게 속고 있는 것입니다. 회개하면 죄를 용서받고, 죄를 통해 역사하는 어둠의 영향력이 끊어지기 때문에 회개가 부담스럽고 싫도록 마귀가 속이는 것입니다.

하나님 자리에 앉아서 선악을 판단하는 행위가 죄의 본질입니다. 하나님의 말씀보다 내 생각이 옳다고 속기 때문에 회개하지 않습니다. 내가 하나님보다 선하다는 교만이 말씀을 대적하고 받지 않아도 되는 고난을 받게 합니다.

사람이 미련하므로 자기 길을 굽게 하고 마음으로 여호와를 원망하느니라 (잠19:3)

하루는 새벽예배에 죄를 책망하고 회개를 촉구하는 설교를 한 적이 있습니다. 그런데 자리에 계셨던 교회 중직자 한 분이 시험에 드셨습니다. 분명 하나님의 말씀을 가감 없이 선포했는데 겸손한 마음으로 말씀을 받고 회개하는 것이 아닌, 시험에 들어 제가 설교하는 날이면 예배에 참석하지 않았습니다. 사도

행전은 스데반 집사님이 유대인들을 향해 복음을 전할 때 유대인들의 마음 가운데 찔림이 있어 오히려 이를 갈고 귀를 막고 스데반 집사를 향해 소리 지르며 돌로 쳐 죽인 사건이 나옵니다. 우리가 하나님의 말씀을 들을 때 마음에 찔림이 있다면 그것은 축복입니다. 하나님의 말씀대로 살지 못한 죄가 조명되면 겸손한 마음으로 회개하고 마음을 돌이켜 하나님과 관계를 바르게 해야 합니다. 그러나 말씀을 듣고 찔림이 있어도 회개하지 않고 오히려 말씀을 선포하는 주의 종을 판단하고 대적한다면, 사실 주의 종이 아니라 하나님을 대적하고 말씀을 거부하고 있는 것입니다. 하나님의 말씀보다 내 생각이 옳다고 속고 있기 때문에 회개하지 않는 것입니다.

반면 베드로의 설교를 들은 유대인들의 반응은 회개였습니다. 똑같은 복음을 듣고도 누구는 회개하고 구원을 얻는 축복을 받는가 하면, 다른 무리는 마음이 찔려도 돌이키지 않고 주를 대적하여 멸망 받습니다.

그들이 이 말을 듣고 마음에 찔려 베드로와 다른 사도들에게 물어 이르되 형제들아 우리가 어찌할꼬 하거늘 (행2:37)

제가 섬기는 교회에 A 장로님이 계십니다. 장로님은 신앙 생활을 하며 가장 기쁜 순간은 자신의 죄가 발견되는 때라고 합니다. 자기 스스로 죄의 문제를 해결할 수 없지만, 죄를 자백하고 회개하면 하나님께서 용서해 주시니 얼마나 감사한 일인지 모르겠다고 고백하십니다. 성경은 하나님이 거룩하니 성도인 우리도 거룩하라고 말씀하셨습니다. 날마다 죄를 발견하고 회개하여 하나님과 가까워질수록 하나님의 영광으로 말미암아 우리는 더욱 거룩해지고 더 깊은 하나님의 은혜를 경험할 수 있게 됩니다. 하나님을 아는 자, 죄를 두려워하는 자, 예수 그리스도의 피의 공로를 아는 자만이 기쁜 마음으로 회개할 수 있습니다.

회개는 내가 틀렸음을 인정하고 하나님의 말씀이 옳다는 것을 인정하는 행위입니다. 그렇기 때문에 교만한 사람은 회개할 수 없습니다. 교만한 사람은 자신이 하나님 자리에 앉아서 선악을 판단합니다. 그래서 잘못을 인정하고 회개하는 것은 스스로 자기 자신을 부인하는 행위이기 때문에 교만한 사람은 회개할 수 없습니다. 그래서 하나님의 은혜는 겸손한 자가 받을 수 있습니다. 날마다 자신의 연약함을 발견하고 회개하며 그리스도

의 십자가를 의지하는 자에게 하나님은 자신의 영광을 나타내
시며 구원하십니다.

만일 우리가 우리 죄를 자백하면 그는 미쁘시고 의로우사 우리 죄
를 사하시며 모든 불의에서 깨끗하게 하실 것이요 (요한1서1:9)

생명을 살리는 회개

청년 때 섬기던 교회에 신학생 동생 둘이 있었습니다. 제가 다니던 교회는 번화가 중심에 있었는데 수요 예배를 마치면 신학생 동생을 중심으로 청년 몇 명이 술을 마시러 세상으로 나가곤 했습니다.

하루는 '흰돌산 기도원'으로 수련회를 참석하기로 결정했습니다. 그런데 신학생 동생이 참석하지 않겠다고 했습니다. 이유를 들어보니 흰돌산 집회는 위로 없이 정죄만해서 가기 싫다고 했습니다. 집회를 인도하시는 강사 목사님께서 회개를 강조하시는데 나를 살리려고 외치는 회개의 소리가 판단하고 정죄하는 부담으로 느껴진다고 했습니다. 결국 그 동생은 수련회를 참석하지 않았고, 후에 대학부를 어지럽히고 도망가듯 교회를 떠났습니다.

과거의 사건은 제게 큰 교훈으로 남아있습니다. 나를 살리려는 하나님의 사랑을 부담과 정죄로 느낄 만큼 죄는 나를 하나님과 멀어지게 만듭니다. 진정한 위로는 회개에서 출발합니다. 회개 없는 위로는 자아를 만족시키는 독약과 같습니다. 회개 없는 위로를 원하는 이유는 죄는 즐겁고 육신의 쾌락은 쫓고 싶은데 고통은 받기 싫다는 악한 동기입니다. 하지만 우리가 명심해야 할 것은 죄로 인해 고통과 고난이 찾아왔고 진정한 위로는 회개를 통해 죄의 결박에서 벗어날 때 얻을 수 있다는 것입니다.

좋은 땅에 뿌려졌다는 것은 말씀을 듣고 깨닫는 자니 결실하여 어떤 것은 백 배, 어떤 것은 육십 배, 어떤 것은 삼십 배가 되느니라 하시더라 (마13:23)

땅이 스스로 열매를 맺되... (막4:28)

성경은 우리 마음을 '땅', 하나님의 말씀을 '씨앗'으로 비유하고 있습니다. 좋은 땅은 하나님의 말씀이 심기고 열매 맺을 수 있는 좋은 마음 상태를 의미합니다. 좋은 땅 이전에 길가, 돌밭, 가시떨기가 나오는데 한마디로 좋지 않은 마음의 상태를 비유하고 있습니다.

회개하지 않는 더러운 죄악들이 심겨 있는 땅은 좋은 마음이 아닙니다. 날마다 회개하며 하나님의 말씀이 심길 수 있는 겸손한 마음 상태가 좋은 땅입니다. 회개하지 않는 마음은 내 삶의 주인이 여전히 나이기 때문에 하나님의 말씀이 심길 수 없습니다. 귀로 듣기는 들어도 마음의 중심이 하나님이 아닌 나이기 때문에 말씀이 열매 맺을 수 없습니다. 그러므로 삶의 열매를 맺고 영적인 성숙을 이루기 위해서는 회개하는 겸손이 필요합니다. 회개를 통해 깨끗해진 심령 가운데 하나님의 말씀이 심기고 자랄 수 있습니다.

…회개하라 천국이 가까이 왔느니라 (마4:17)

그런 의미로 교회 강단에서 회복되어야할 메시지는 바로 '회개' 입니다. 성도들이 회개를 듣기 싫어하기 때문에 자아를 만족시키는 인본적인 위로가 편만합니다. 그러나 진정으로 성도의 영혼을 사랑한다면 하나님과 화목을 방해하는 죄들을 지적하고 회개시켜 하나님께 돌이키게 해야 합니다. 회개 없는 인생은 영적인 성숙과 하나님과 친밀함을 누릴 수 없기 때문입니다.

예배는 내가 좋은 말씀 듣고, 내가 은혜받기 위해 드리는 것이 아닙니다. 예배의 중심은 내가 아닌 하나님입니다. 예배는 하나님이 받으시기에 합당한 제물로 내가 주님께 드려지는 것입니다. 날마다 회개함으로 거룩한 산 제물이 되어 주님께 드려지는 것이 성경이 말씀하고 있는 영적 예배입니다. 날마다 회개를 통해 마음을 새롭게 함으로 변화를 받아 하나님의 선하시고 기쁘시고 온전하신 뜻을 분별하며 주님께 돌이킬 때 믿음이 자랄 수 있습니다.

생명과 사망과 복과 저주를 네 앞에 두었은즉 너와 네 자손이 살기 위하여 생명을 택하고 (신30:19)

만일 여호와를 섬기는 것이 너희에게 좋지 않게 보이거든 너희 조상들이 강 저쪽에서 섬기던 신들이든지 또는 너희가 거주하는 땅에 있는 아모리 족속의 신들이든지 너희가 섬길 자를 오늘 택하라 오직 나와 내 집은 여호와를 섬기겠노라 하니 (수24:15)

성경은 자비롭고 은혜롭고 노하기를 더디 하시고 인자와 진실이 많으신 하나님께서 우리에게 복 주시고 지키시고 은혜 베푸시고 평강 주시기를 원하신다고 말씀하고 있습니다. 영원한 사랑으로 우리를 사랑하시기 때문에 우리를 구원의 길로 인도하시길 원하시고 그 사랑의 절정을 예수 그리스도의 십자가 사건을 통해 증명하셨습니다. 그러나 마귀가 하는 짓은 우리를 죽이고 도둑질하고 멸망시키는 일밖에 없습니다.

회개는 살고 죽는 문제이며, 내가 누구의 통치를 받을 것인지, 지금 내가 누구에게 속해 있는지를 행하는 믿음으로 증명하는 일입니다. 인생은 선택의 연속입니다. 우리는 날마다 회개를 통해 하나님을 택하고 생명과 복에 거해야 합니다.

신앙생활을 방해하는 죄

성령을 따라 행하라 그리하면 육체의 욕심을 이루지 아니하리라 육체의 소욕은 성령을 거스르고 성령은 육체를 거스르나니 이 둘이 서로 대적함으로 너희가 원하는 것을 하지 못하게 하려 함이니라 (갈 5:16-17)

신앙생활이 어려운 이유는 육체의 소욕과 성령의 소욕이 날마다 싸우기 때문입니다. 육신을 입고 있는 나는 육신의 정욕과 안목의 정욕과 이생의 자랑을 추구합니다. 먹고 마시고 입는 것을 쫓아가는 것이 타락한 육신의 자연스러운 본능입니다. 그러나 성령님은 땅의 것이 아니라 하늘의 것을 추구하게 하시고 하늘의 뜻이 내게 이루어지길 원하시기 때문에 육체와 성령의 싸움은 필연적일 수밖에 없습니다.

육체를 따라 사는 것이 죄에 거하는 삶입니다. 우리가 죄에 거하는 분량만큼 성령님의 통치가 아닌 육신에 이끌리어 죄의 종노릇을 할 수밖에 없습니다. 그렇기 때문에 회개하지 않고 죄에 거하는 분량만큼 하나님은 멀어지게 되고 하나님의 영으로 인도받는 것이 아닌 죄의 인도로 우리는 종교생활을 할 수 밖에 없습니다. 성령님은 거룩한 영이기 때문에 죄와 함께 할 수 없습니다. 날마다 회개하는 겸손하고 깨끗한 인생에게 성령님은 더욱 깊이 있는 위로와 하나님의 은혜를 누리게 하십니다.

주는 죄악을 기뻐하는 신이 아니시니 악이 주와 함께 머물지 못하며 (시5:4)

죄가 무서운 이유는 죄의 값을 치르기 위해 예수님도 죽으셨습니다. 말씀의 공의 앞에 하나님도 피해 갈 수 없었습니다. 또한 죄는 우리를 파괴합니다. 70, 80년 인생은 하나님의 은혜를 누리고 하나님을 알아가기도 짧은 시간입니다. 그러나 죄는 우리가 받지 않아도 되는 고난과 고통을 죄의 값으로 지불하게 하여 세월을 낭비하게 합니다.

네가 선을 행하면 어찌 낯을 들지 못하겠느냐 선을 행하지 아니하면 죄가 문에 엎드려 있느니라 죄가 너를 원하나 너는 죄를 다스릴지니라 (창4:7)

여호와의 손이 짧아 구원하지 못하심도 아니요 귀가 둔하여 듣지 못하심도 아니라 오직 너희 죄악이 너희와 너희 하나님 사이를 갈라 놓았고 너희 죄가 그의 얼굴을 가리어서 너희에게서 듣지 않으시게 함이니라 (사59:1-2)

도둑이 오는 것은 도둑질하고 죽이고 멸망시키려는 것뿐이요 내가 온 것은 양으로 생명을 얻게 하고 더 풍성히 얻게 하려는 것이라 (요10:10)

죄를 짓는 자는 마귀에게 속하나니 마귀는 처음부터 범죄함이라… (요1서3:8)

…너희 죄가 반드시 너희를 찾아낼 줄 알라 (민32:23)

너희 허물이 이러한 일들을 물리쳤고 너희 죄가 너희로부터 좋은 것을 막았느니라 (렘5:25)

창세기는 죄를 인격으로 묘사했습니다. 우리가 하나님의 뜻(선)을 행하지 않는다면 죄가 우리를 다스리기 위해 덫을 놓고 기다리고 있습니다. 죄를 짓는 자는 하나님의 통치가 아닌 마귀의 영향력에 놓이게 되고 죄라는 담을 통해 하나님과 멀어지게 됩니다. 하나님과 멀어진 틈 사이로 도둑은 역사해서 우리의 인생을 파괴합니다. 회개하지 않는 죄는 우리를 반드시 찾아내어 죄의 값인 사망의 여러 증상으로 값을 지불하게 합니다. 곧 고통이고 환난입니다. 예수님은 우리에게 풍성한 인생을 선물로 주시기 위해 오셨지만, 죄는 주님으로부터 오는 은혜를 막고 누리지 못하게 합니다. 죄를 지어서 내 신상에 좋을 것이 하나도 없다는 뜻입니다.

…너희도 만일 회개하지 아니하면 다 이와 같이 망하리라 (눅13:5)

그래서 저는 날마다 회개합니다. 회개가 나를 살리는 수단임을 알기 때문에 기쁨과 자원하는 심령으로 회개할 수 있습니다. 회개를 통해 죄가 사라지면 하나님의 뜻이 내게 이루어지고 하나님과 더 깊은 교제와 은혜를 누릴 수 있게 됩니다. 회개를 통해 어제보다 오늘, 오늘 보다 내일 더욱 영의 사람이 되는 신성한 성품에 참여할 수 있게 됩니다. 인간적인 행위와 노력이 아닌 하나님의 왕 되심을 인정하고 회개하여 주께 돌이킬 때 영혼이 잘됨 같이 범사가 잘되고 강건해지는 축복을 경험할 수 있습니다.

사랑하는 자여 네 영혼이 잘됨 같이 네가 범사에 잘되고 강건하기를 내가 간구하노라 (요3:1:2)

사도 요한은 우리에게 인생이 잘되고 강건해지는 비밀을 말씀해주고 있습니다. 바로 우리의 '영혼'이 '먼저' 잘되는 것입니다. 그런데 많은 사람들이 영혼이 잘된다는 말씀을 우리의 영(spirit)이 잘된다고 생각합니다.

그 당시 사도 요한은 구원받은 성도들에게 편지를 보냈습니다. 그들의 영 안에 이미 성령님이 내주하시는 상태로 더 이상 그들의 '영'의 구원을 위한 수단으로 무엇이 더 필요하지 않았습니다. (주와 합하는 자는 한 영이니라 고전6:17)

위의 말씀에서 '영혼'은 헬라어 '프쉬케'로 '내적 자아' '혼'의 의미를 가지고 있습니다. 다시 말해 우리의 지, 정, 의를 나타내는 단어가 '프쉬케'이며 영혼으로 번역된 것입니다.

('영'을 뜻하는 'spirit'은 헬라어 '프뉴마'로 동일하게 '영혼'으로 번역되어 있습니다. 신약성경에서 '영혼'이라는 단어를 보면, '영, spirit, 프뉴마'인지 아니면 '혼, soul, 프쉬케'인지 원어를 검색하면 더 깊은 묵상을 할 수 있습니다)

즉 '네 영혼이 잘됨 같이' 의 말씀은 우리의 혼(지정의)의 영역이 하나님의 말씀과 성령으로 새롭게 되어 하나님의 뜻과 일치가 되는 상태를 의미하고 있습니다. 하나님과 바른 관계에 있을 때 우리의 삶은 하나님과의 '샬롬'으로 범사가 잘되고 강건해지는 복을 누릴 수 있게 됩니다.

너는 하나님과 화목하고 평안하라 그리하면 복이 네게 임하리라
(욥22:21)

측량할 수 없는 하나님의 복을 누리기 위해 우리는 열심을 내어 회개해야 합니다. 죄가 하나님과의 샬롬을 방해하기 때문입니다. 복을 주시고자 하는 하나님의 마음을 알고, 죄가 나를 파괴하는 것임을 분명히 알 때, 우리는 기쁜 마음으로 자원하며 회개할 수 있습니다.

골방에서 시작되는 신앙생활

예수님을 믿는 것은 지식의 동의뿐만 아니라 삶을 통해 증명돼야 합니다. 삶의 순종을 통해 예수 그리스도의 주인되심을 인정하고 주님의 영광이 순종하는 나를 통해 드러나야 합니다. 예수님을 믿는다고 말하면서 말씀에 따른 순종이 없다면 그것은 자신을 속이고 있는 것입니다. 순종없는 종교 생활은 주님 보시기에 가짜입니다.

어떤 사람은 말하기를 너는 믿음이 있고 나는 행함이 있으니 행함이 없는 네 믿음을 내게 보이라 나는 행함으로 내 믿음을 네게 보이리라 하리라 (약2:18)

신앙생활이란 예수님을 믿고 하나님의 자녀가 된 성도들이 성령님의 인도를 받으며 이 땅에 주의 뜻을 이루는 삶입니다. 먼저 하나님의 나라와 의를 구하는 삶을 살아낼 때 이 땅의 필요들을 은혜로 누리는 삶이 바로 신앙생활입니다. 그런데 문제가 있습니다. 세상살이가 그렇게 호락호락하지 않습니다.

죄와 타협하고 삶의 문제에 고통받다 보면 하나님의 영광은 고사하고 오늘 하루도 살아내기가 벅찰 때가 많습니다.

마치 이스라엘 백성들이 마음의 상함과 가혹한 노역으로 말미암아 모세의 말을 듣지 않았던 것처럼 삶의 고됨으로 인해 하나님의 뜻보다는 육신의 안위와 정욕을 먼저 추구할 때도 많습니다.

그래서 우리에게 성령의 충만함이 필요합니다. 문화에 영향 받지 않고 세상을 역행하는 에너지는 오직 성령님으로 가능합니다. 성령 충만함으로 마음이 새로워질 때 그럼에도 불구하고 하나님의 말씀을 선택하고 좁은 길을 걸을 수 있게 됩니다.

너는 기도할 때에 네 골방에 들어가 문을 닫고 은밀한 중에 계신 네 아버지께 기도하라 은밀한 중에 보시는 네 아버지께서 갚으시리라 (마6:6)

누누이 말씀드리지만, 성령 충만은 기도할 때 받을 수 있습니다. 설교 말씀을 들은 후 드리는 기도도 중요하지만, 그것만으로는 충분하지 않습니다. 성령 충만을 받고, 유지하고, 깊이를 더하는 기도는 골방에서 드리는 기도로 가능합니다.

예수님께서는 외식하는 자와 같이 남에게 보이기 위해 기도하지 말라고 경고하셨습니다. 그 대신 골방에 들어가 문을 닫고 하나님께 기도하라고 말씀하셨습니다. 문을 닫는다는 표현은 세상과 단절되어 오로지 마음을 다해 하나님께 집중하라는 의미입니다.

'골방'이라는 헬라어 단어 '타메이온'은 밀실, 골방이라는 의미뿐만 아니라 '약국'과 '연료 실'이라는 뜻을 가지고 있습니다. 골방이 약국과 연료 실이라는 의미를 생각할 때 기도로 하루를 시작하고 기도로 마무리하는 것을 강력히 추천합니다. 세상에서 말씀에 순종하고 하나님의 영광을 드러내는 삶은 내 힘으로 되지 않습니다. 오직 기도로 하늘의 연료를 공급받을 때 하늘의 능력으로만 가능합니다. 그런 의미에서 오늘 하루를 시작하기 전 나만의 골방에서 주님과 독대하며 기도해야 합니다. 골방 기도가 새벽예배일 수도 있고 나만의 공간일 수도 있지만 평소 기상 시간보다 일찍 일어나 하나님께 기도하는 시간을 절대적으로 확보해야 합니다.

정신없이 피곤한 몸을 이끌고 세상으로 나가는 것은 내가 사는 하루지만, 기도하여 하나님의 응답과 도움으로 오늘을 살아내는 것은 성령님과 동행하는 삶입니다. 말 그대로 하늘과 땅 차이입니다.

새벽 아직도 밝기 전에 예수께서 일어나 나가 한적한 곳으로 가사 거기서 기도하시더니 (막1:35)

퇴근하고 집으로 돌아온 후 예수 믿는 사람은 나만의 골방으로 들어가야 합니다. 하루를 살아내며 육신에 묻은 더러움을 씻어내고 지친 영혼을 회복하기 위해서는 골방(약국) 기도를 통해 하늘의 약을 처방받아야 합니다. 하루의 시작과 끝을 골방 기도를 통해 충전 받고 회복하는 삶의 선순환이 악한 세상에서 승리할 수 있는 비결입니다. 하루의 시작은 아침이 아닙니다. 전날 밤 잠들기 전 내가 무엇을 하느냐가 내일에 지대한 영향을 끼칩니다. 하나님께 기도하며 모든 부정적인 감정과 스트레스, 육신의 피곤을 회복하고 잠드는 것이 중요합니다.

예수께서 기도하시러 산으로 가사 밤이 새도록 하나님께 기도하시고 (눅6:12)

저는 하루에 2번에서 3번의 골방 기도를 드리고 있습니다.

하루의 시작과 끝을 하나님 앞에 머물며 기도합니다. 다니엘이 죽음을 각오하고 전에 하던 대로 하루 세 번씩 기도했다는 말씀에 기초하여 가능하면 하루에 3번 하나님 앞에 나와 골방 기도를 드리려고 힘쓰고 있습니다.

저는 기상 후 문밖을 나서기 전 하나님 앞에 머물며 충분히 기도합니다. 오늘도 내 힘과 지혜로 살 수 없음을 알기 때문에 하나님의 능력과 응답으로 살아내기 위해 기도하는 것입니다. 기도하다 보면 피곤이 떠나가면서 정신이 또렷해지는 순간이 있습니다. 내 감정과 내 뜻, 내 생각이 부인되며 성령님의 임재가 육신을 감쌀 때 하루를 시작합니다. 기도하고 나선 세상은 성령의 충만함으로 넉넉히 감당됩니다. 세상에 마음이 묶이는 것이 아니라 성령님의 통치 가운데 하나님께 매인 마음으로 담대할 수 있습니다.

빌기를 다하매 모인 곳이 진동하더니 무리가 다 성령이 충만하여 담대히 하나님의 말씀을 전하니라 (행4:31)

시간이 지나면 육신의 피곤이 찾아오듯 우리의 마음과 영도 피곤을 느낍니다. 그때 저는 기도할 수 있는 공간을 찾아서

하나님께 부르짖어 기도합니다. 기도하다 보면 부정적인 감정
과 생각, 육신의 피곤이 해소되는 것을 경험합니다. 그 상태로
오후 시간을 보냅니다.

퇴근 후 하루를 마무리하며, 또 한 번 하나님께 기도합니다.
기도를 통해 지친 몸과 마음, 정신을 회복하고 내일을 살아갈
에너지를 충전 받습니다. 매일의 골방 기도가 제 삶과 사역을
감당할 수 있는 유일한 비결입니다.

...내가 온 것은 양으로 생명을 얻게 하고 더 풍성히 얻게 하려는
것이라 (요10:10)

예수님께서 이 땅에 오신 이유는 우리에게 풍성한 삶을 주시
기 위해서입니다. 풍성함이란 단어는 양적으로 많음을 뜻하는
것이 아닙니다. 질적으로 차원이 다른 삶이 풍성하다는 의미입
니다.

세상에 매인 삶이 아닌 세상에 살고 있지만 기도를 통해 하늘
과 연결된 인생은 하늘의 능력과 도우심으로 세상을 살아가기
때문에 차원이 다른 삶을 살게 됩니다.

3차원의 세상을 살아가면서 4차원의 능력과 은혜를 누리는

것이 그리스도인의 삶입니다. 이는 오직 기도로 가능합니다. 24시간의 시간 중 몸과 마음이 세상과 단절되어 오로지 하나님만 바라보는 골방의 시간을 가져야 합니다. 골방 기도로 내가 부인되고 성령의 충만함을 받은 자의 삶을 통해 하나님께서 일하십니다.

골방에서 제발 한 시간만이라도

너무나도 안타까운 사실이 있습니다. 많은 그리스도인들의 삶의 모습이 세상 사람들과 별반 다를 것 없습니다. 세상 사람들과 예수 믿는 사람들의 차이가 단지 예배를 드리고 드리지 않고의 차이밖에 없는 것 같습니다. 퇴근 후 세상 사람들과 똑같이 시간을 보내면서 그들과 다르고 선한 영향력을 끼치길 바라는 것은 어리석은 생각입니다. 세상에 빠진 사람은 선한 영향력을 끼칠 수 없습니다.

드라마를 보며 백마 탄 왕자님을 꿈꾸고 유튜브와 세속에 빠진 사람들의 삶은 그리스도의 빛을 밝힐 수 없습니다. 오직 기도를 통해 성령 충만 받고 내 안에 세상 나라가 무너진 자들을 통해 하나님의 뜻이 이 땅에 이루어질 수 있습니다.

나라가 임하시오며 뜻이 하늘에서 이루어진 것 같이 땅에서도 이루어지이다 (마6:10)

…너희가 나와 함께 한 시간도 이렇게 깨어 있을 수 없더냐 시험에 들지 않게 깨어 기도하라 마음에는 원이로되 육신이 약하도다 하시고 (마26:40-41)

골방에서 드리는 기도 시간은 믿음의 분량만큼 하면 됩니다. 하지만 많은 목사님들이 위의 말씀을 근거로 하루 1시간 기도를 강조하고 계십니다. 저 또한 어린이 기관 선생님들에게 하루 1시간 기도를 강조하며 이끌어가고 있습니다. 예수님은 한 시간도 깨어 기도할 수 없느냐고 제자들에게 말씀하셨는데 말 그대로 1시간입니다. 그래서 1시간을 기도 시간의 마지노선으로 정하고 기도 훈련을 하는 것을 추천합니다. 기도의 깊이는 기도의 양이 뒷받침될 때 가능하기 때문입니다.

그런데 위의 말씀에서 1시간 기도만큼 중요한 단어가 또 있습니다. 바로 '나와 함께'입니다. 인간적인 의와 이 땅의 필요만을 구하는 인본적인 1시간 기도는 큰 의미가 없습니다. 예수 그리스도 안에서 성령님을 따라 하나님의 뜻대로 구하는 기도 1시간이 골방 기도의 핵심입니다. 기도하지 않는 것은 문제지만 정작 하나님의 뜻과 상관없는 향방 없이 드리는 기도도 문제입니다.

...내 집은 만민이 기도하는 집이라... (막11:17)

저는 매일 밤 전 성도가 모여 한 시간 이상 뜨겁게 부르짖으며 성령 충만을 구하고 하나님의 나라와 의를 구하는 교회를 꿈꿉니다. 기도하는 성도가 생기 있고 기도하는 교회가 영혼을 살릴 수 있기 때문입니다.

교회는 기도하는 집입니다. 교회가 기도하지 않을 때 교회는 더 이상 교회의 역할을 감당할 수 없습니다. 윤리 도덕적으로 선한 일을 하는 것이 교회의 역할이 아닙니다. 분명 지역 사회를 위해 섬기고 봉사하는 일이 필요합니다. 그러나 그런 일들은 굳이 교회가 아니더라도 누구나 할 수 있는 일들입니다.

교회는 세상에서 하나님의 나라를 세우기 위한 전초기지입니다. 세상 나라와 펼치는 영적 전쟁의 최전방에서 성도를 군사로 양육시키고 기도를 통해 성령의 능력을 가지고 세상으로 파송시켜 주의 뜻을 이루는 삶을 살 수 있도록 만드는 곳이 교회입니다.

그러기 위해서 교회는 기도해야 합니다. 다른 어떤 프로그램보다 기도를 통해 성령이 일하시는 공동체가 되어야 합니다.

기도의 불이 꺼진 교회, 매일 밤 문이 닫혀 있고 전등이 꺼진 교회는 세상에서 교회의 사명을 감당할 수 없습니다.

교회는 그의 몸이니 만물 안에서 만물을 충만하게 하시는 이의 충만함이니라 (엡1:23)

최근 오랜만에 청소년 시절 교회 선생님을 만나 뵙고 인사를 드렸습니다. 오랜만에 만난 선생님은 기도의 사람으로 변하셨습니다. 선생님께서 섬기고 계신 교회에 담임 목사님께서 새롭게 부임하셨는데 기도하시는 목사님이 오셔서 교회의 영적 체질을 바꾸어 놓으셨다고 했습니다.

담임 목사님께서는 전체 성도 기도 운동을 일으키고 계시고 기도를 통해 삶의 강건함과 은혜를 경험한 성도들의 변화를 통해 전도가 되고 교회가 부흥되었다고 했습니다.

또한 교회에 행사와 프로그램이 사라졌다고 합니다. 담임 목사님부터 부 교역자, 성도들까지 기도하기에 바쁘니 성령 충만한 교회가 되었고 굳이 행사와 프로그램을 할 필요성을 느끼지 못한다고 하셨습니다.

기도하는 담임 목사님과 부목사님들의 설교를 통해 성도들이 은혜 받는다고 합니다. 성도들이 받은 은혜를 기도를 통해 삶으로 살아내는 선순환을 경험하니 코로나 시국에도 교회가 든든히 세워져 간다고 합니다. 이것이 우리 교회가 지향해야 하는 모습이 아닐까 하는 간절한 마음이 듭니다.

세상 사람들과 예수 믿는 성도의 삶의 차이를 만드는 원동력은 바로 기도입니다. 기도해서 성령 충만 받아 거룩한 삶의 열매를 맺을 때 세상이 인정하는 성도가 될 수 있습니다.

기도로 승리하는 영적 전쟁

하나님은 참 좋으신 분입니다. 우리의 구원을 위해 독생자 예수 그리스도를 보내주시고 보혜사 성령님을 통해 천국으로 인도하는 좁은 길을 걷게 하시는 분이 바로 하나님이십니다.

하나님은 자비롭고 은혜롭고 노하기를 더디 하고 인자와 진실이 많으신 분입니다. (출34:6) 하나님은 영원한 사랑으로 우리를 사랑하시기 때문에 인자함으로 우리의 인생길을 천국으로 인도하시고 (렘31:3), 자녀 된 우리를 지키시고 복 주시고 은혜 베푸시고 평강 주시기 원하신다고 말씀하고 있습니다. (민6:24-26) 그래서 사도 요한은 노년이 되어 일평생 경험한 하나님을 '사랑'이라고 정의하고 있습니다.

하나님이 우리를 사랑하시는 사랑을 우리가 알고 믿었노니 하나님은 사랑이시라... (요한1서4:16)

신앙생활은 좋으신 하나님과 함께 살아가는 삶입니다. 하나님

의 사랑 안에서 복을 누리는 것이 자녀의 유업입니다. 그런데
문제가 있습니다. 좋으신 하나님과 인격적인 교제를 훼방하는
악한 영의 역사가 있습니다. 많은 경우 악한 영의 역사로 인해
우리가 누려야 할 축복과 은혜를 빼앗기고 오히려 고난당하는
것을 볼 수 있습니다.

건강한 신앙생활은, 하나님과 나 사이를 갈라놓는 악한 영의
역사를 알고 싸워 승리하는 생활입니다. 단지 하나님과 나, 둘만
의 관계가 아니라 하나님과 나 사이를 갈라놓는 악한 영의 역사를
인식하고 근신하며 깨어 대적하는 것이 중요합니다. 그래야만
억울하게 고통받지 않고 자녀의 은혜를 더욱 누릴 수 있습니다.

귀신이 소리 지르며 아이로 심히 경련을 일으키게 하고 나가니 그
아이가 죽은 것 같이 되어 많은 사람이 말하기를 죽었다 하나...집에
들어가시매 제자들이 조용히 묻자오되 우리는 어찌하여 능히 그 귀
신을 쫓아내지 못하였나이까 이르시되 기도 외에 다른 것으로는 이
런 종류가 나갈 수 없느니라 하시니라 (막9:26.28-29)

제자들은 아이에게서 귀신을 쫓아내지 못했습니다. 귀신은
예수님을 보고 심한 경련을 일으켰고 예수님은 말씀으로 귀신

을 쫓아냈습니다. 집에 돌아온 제자들은 예수님께 자신들이 귀신을 쫓아내지 못한 이유에 대해 질문합니다. 제자들의 질문에 대한 예수님의 대답은 특별한 기술이 아니었습니다. 예수님은 오직 기도 외에는 귀신이 나가지 않는다고 말씀하셨습니다.

사복음서를 자세히 읽어보면 예수님은 기도하시는 분이었음을 알 수 있습니다. 예수님은 그 누구보다 기도에 힘쓰셨고 기도를 통한 성령의 권능을 덧입고 사역하셨습니다.

이때에 예수께서 기도하시러 산으로 가사 밤이 새도록 하나님께 기도하시고 (눅6:12)

하나님이 나사렛 예수에게 성령과 능력을 기름 붓듯 하셨으매 그가 두루 다니시며 선한 일을 행하시고 마귀에게 눌린 모든 사람을 고치셨으니 이는 하나님이 함께 하셨음이라 (행10:38)

기도를 통해 성령의 권능으로 무장하신 예수님이 귀신 앞에 나타났습니다. 생명의 빛이 귀신에게 비추자 사망의 어둠은 놀라 발작하고 떠나가게 됩니다. 영적 전쟁은 빛과 어둠의 싸움입니다. 빛이 임하면 어둠은 떠나갑니다. 기도할 때 우리 영 안에 계신 성령님께서 육신을 통치하시고, 다스리시는데 이것이 성령 충만한 상태입니다. 기도를 통해 나를 부인 하고 빛의 통치를 받는 것이 어둠의 역사가 내게서 영향력을 잃어가는 비결입니다. 기도를 통해 어둠의 영향력이 멀어질수록 우리는 하나님의 더욱 큰 은혜를 경험할 수 있습니다.

동일한 내용이 마태복음에도 기록되어 있습니다. 마태복음은 '기도'가 아닌 '믿음'이 없어서 귀신을 쫓아내지 못했다고 기록하고 있습니다. 즉 예수를 믿는 사람은 기도하는 사람이고 기도하는 사람을 통해서만 믿는 자의 표적이 나타나게 되는 것입니다.

기름진 까닭에 멍에가 부러지리라 (사10:27)

귀신을 쫓아내는 것은 하나님의 자녀 됨의 권세와 성령의 권능으로 가능합니다. 자녀 됨의 권세는 예수를 믿을 때 주어졌고, 성령의 권능은 기도를 통해 받을 수 있습니다. (행1:8) 우리가 예수님을 믿고 거듭난 하나님의 자녀가 되었다면 영적 전쟁에서 필요한 것은 기도를 통한 성령의 권능입니다. 그러나 경험상 모든 기도에 성령의 권능이 임하는 것은 아닙니다. 안타깝지만 이 땅의 필요를 구하는 초보적인 기도는 성령의 권능이 임하는 것과 상관없습니다. 그래서 성경은 우리에게 성령으로 기도하라 (유

1:20)고 권면하고 있습니다.

성령으로 기도하는 것은 하나님의 뜻대로 기도하는 것을 의미
합니다. 하나님의 말씀에 기초하여 하나님의 뜻이 내게 이루어
지는 것을 사모하고 기도하는 것이 영으로 하는 기도입니다.

마음을 살피시는 이가 성령의 생각을 아시나니 이는 성령이 하나
님의 뜻대로 성도를 위하여 간구하심이니라 (롬8:27)

두 번째로 성령으로 기도하는 것은 방언으로 기도하는 것을
의미합니다. 방언은 성령의 은사이며 성령이 말하게 하심을 따라
하는 기도입니다. 방언은 영의 기도이기 때문에 우리가 방언으
로 기도하면 성령 충만을 경험할 수 있습니다. 성령님이 하나님
의 뜻대로 기도하게 하시고, 하나님의 뜻대로 하는 기도는 반드시
응답되기 때문에 응답의 분량만큼 내가 부인되고 하나님의 뜻
이 나를 통치하실 수 있습니다.

그들이 다 성령의 충만함을 받고 성령이 말하게 하심을 따라 다른
언어들로 말하기를 시작하니라 (행2:4)

기도를 계속 하고… (골4:2)

사도바울은 방언으로 기도하는 자는 자기의 덕을 세운다고 말씀하고 있습니다. (고전14:4)

덕을 세운다의 원어적인 의미는 '건축하다' '확고히 하다' '짓다' '세우다'입니다. 즉 방언으로 기도할 때 우리의 영은 강건해지며 영적인 권세와 권능이 더해지게 됩니다.

기도를 통해 영이 강건해지는 분량만큼 육신을 다스릴 수 있습니다. 귀신의 역사는 육신에 영향을 미치고 영이 활성화 되지 못하도록 방해합니다. 그렇기 때문에 영적 전쟁의 핵심은 육신의 소욕을 제어하고 성령으로 인도받는 분량에 달려 있습니다. 구원을 이루어가는 성화의 삶이란, 구습이 가득한 우리의 전인격을 기도를 통해 날마다 말씀과 일치되도록 새롭게 하는 것입니다.

기도는 빛에 거하는 행위입니다. 성령으로 기도할수록 빛이 나를 밝히게 되고 내 속에 숨어있는 어둠을 발견하게 됩니다. 기도를 통해 내 속에 어둠을 발견한 자만이 회개할 수 있고 귀신의 역사로부터 자유로워질 수 있습니다.

그러나 기도하지 않는 사람은 자신 안에 있는 어둠을 발견하지 못합니다. 여전히 죄에 거하면서도 죄인 줄을 모릅니다. 이것이 곧 시험에 든 상태입니다. 시험 들었기 때문에 기도하지 않고, 기도하지 않기 때문에 더 큰 시험에 빠지는 악순환이 반복됩니다.

시험에 들지 않게 깨어 기도하라... (마26:41)

우리가 기도하지 않는다면 하나님을 섬기는 종교적인 행위는 있을지 몰라도 여전히 죄에 거하기 때문에 그 중심은 하나님과 멀어질 수밖에 없습니다. 사람은 영적 존재이기 때문에 영의 세계에 영향을 받습니다. 기도를 통해 의지적으로 하나님께 나아가지 않는다면 우리는 필연적으로 어둠에게 영향을 받을 수밖에 없습니다.

그래서 귀신은 기도하지 않는 사람을 우습게 여깁니다. 기도하지 않기 때문에 말씀의 통치를 받지 못하고 회개하지 못합니다. 엄밀히 말하면 기도하지 않기 때문에 자신이 무엇을 잘못했는지 깨닫지 못합니다. 깨달았다 하더라도 굳은 마음 때문에 회개하는 것을 힘들어 합니다. 날마다 기도를 통해 마음을 기경하는 것이 신앙생활이지만, 기도의 부재가 사람을 죄에 거하게 하고 귀신이 역사할 수 있는 합법적인 통로를 열어주어 고통받게 합니다.

...하나님을 기념하면서도 진실이 없고 공의가 없도다 (사48:1)

　반면 기도하는 사람은 자신 안에 있는 어둠을 발견할 수 있는 신령한 기회가 있습니다. 하나님과 멀어진 자신의 모습을 발견하고 회개하여 주께 돌이킬 수 있는 은혜가 기도하는 사람에게 있습니다. 기도를 통해 어둠의 결박에서 풀어질 때 우리는 더 큰 자유를 경험할 수 있습니다. 성경은 진리를 알지니 진리가 너희를 자유롭게 한다고 말씀하고 있습니다. 내 마음과 육체가 원하는 대로 죄를 짓고 방종하는 것이 자유가 아닙니다. 오직 기도를 통해 죄를 회개하고 어둠에서 멀어질 때 하나님이 주시는 참 자유를 누릴 수 있게 됩니다.

빛이 임하면 어둠이 떠나가듯

25살, 겨울 수련회에서 있었던 일입니다. 수련회 첫날은 20시간, 둘째 날은 12시간 정도 기도했기 때문에 성령의 충만함을 온몸으로 느낄 수 있었습니다. 연합 수련회였는데 타 교회에서 온 자매에게 귀신이 드러났습니다. 첫날 저녁부터 집회 내내 자매 속에 있던 귀신이 드러나 소리 지르며 예배를 방해했습니다.

셋째 날 저녁 식사 후 쉬는 시간, 제 근처에 자매와 교회 청년들이 있는 것을 보았습니다. 교회 청년들은 자매를 위해 기도하고 있었는데 자매의 고통만 더할 뿐 상황은 호전되지 않았습니다.

저는 5m 정도 되는 거리에 떨어져 성령의 임재 가운데 자매를 위해 중보기도하고 있었습니다. 그때였습니다.

"쟤 오게 하지마 쟤 무서우니까 쟤 오면 나 안나갈 거야."

자매 속에 있는 귀신이 저를 보며 반응했습니다. 귀신 같이 안다는 이야기가 맞습니다. 거리를 두고 기도했지만, 영의 세계는 시공간을 초월하기 때문에 성령님께서 역사하셨고 귀신은 저를 보며 강한 거부 반응을 보였습니다. 안타까운 사실은 교회 청년들이 영적인 세계에 대한 이해가 없었기 때문에 가만히 있는 저를 밀어냈고 자매는 결국 고통 가운데 집으로 돌아가게 되었습니다.

내 백성이 지식이 없으므로 망하는도다 (호4:6)

하루는 친하게 교제하는 전도사님들이 사역하고 있는 교회에 방문한 적이 있습니다. 예배를 드리기 위해 본당에 들어갔는데 처음 보는 청년이 민망할 정도로 저를 빤히 바라보았습니다. 저는 크게 개의치 않고 방언으로 기도하며 예배를 준비했습니다. 기도하면서도 청년의 시선을 느낄 수 있었습니다. 청년은 민망하다 못해 기분이 나쁠 만큼 저를 노려보고 있었습니다. 며칠이 지났습니다. 학교에서 전도사님을 만난 저는 재미있는 이야기를 전해 들었습니다.

"전도사님, 전에 교회 오셨을 때 한 청년 있었죠? 그 청년이 귀신들려서 목사님께 기도 받기 위해 요즘 예배에 참석하고 있는데 전도사님 보고 누구냐고 물어보더라고요."

"네, 왜요?"

"다름이 아니라 전도사님을 보더니 청년의 말로는 전도사님이 무섭다고 얘기하더라고요."

이르시되 기도 외에 다른 것으로는 이런 종류가 나갈 수 없느니라 하시니라 (막9:29)

기도 외에는 이런 종류가 나가지 않는다고 성경은 말씀하고 있습니다. 말씀은 진리입니다. 경험상 악한 영은 기도하는 사람을 제일 두려워합니다. 왜냐하면, 악한 영은 영적 존재이기 때문에 기도를 통해 영권과 영력이 강해질수록 쉽게 대적하고 쫓아낼 수 있기 때문입니다.

눈에 보이지 않는다고 영적인 세계가 없는 것이 아닙니다. 영적인 세계는 눈에 보이는 세계보다 더욱 실재이며 현실입니다. 현실 세계는 영적인 세계에서 이미 일어난 일들이 나타나는 것뿐입니다.

영적인 세계가 뿌리이며 현실 세계는 열매입니다. 그렇기 때문에 우리는 영의 일들을 알고 승리해야 합니다. 오직 기도할 때 영의 세계에서 지각 변동이 일어나고 묶임이 풀리며 삶의 형통을 누릴 수 있게 됩니다.

기도로 감당하는 마지막 때

영적인 감각이 있는 성도라면 지금이 마지막 때임을 부인하는 성도는 없습니다. 누가복음은 마지막 때의 징조 중 하나인 '전염병'을 기록하고 있는데 전 세계적인 코로나 펜데믹을 경험하며 코로나 바이러스가 마지막 때의 시작을 알리는 전염병 중 하나임을 알 수 있습니다.

예수께서 대답하여 이르시되 너희가 사람의 미혹을 받지 않도록 주의하라 많은 사람이 내 이름으로 와서 이르되 나는 그리스도라 하여 많은 사람을 미혹하리라 난리와 난리 소문을 듣겠으나 너희는 삼가 두려워하지 말라 이런 일이 있어야 하되 아직 끝은 아니니라 민족이 민족을, 나라가 나라를 대적하여 일어나겠고 곳곳에 기근과 지진이 있으리니 이 모든 것은 재난의 시작이니라 그 때에 사람들이 너희를 환난에 넘겨주겠으며 너희를 죽이리니 너희가 내 이름 때문에 모든 민족에게 미움을 받으리라 그 때에 많은 사람이 실족하게 되어 서로 잡아 주고 서로 미워하겠으며 거짓 선지자가 많이 일어나 많은 사람을 미혹하겠으며 불법이 성하므로 많은 사람의 사랑이 식

어지리라 (마24:4-12)

앞으로의 시대는 환난입니다. 우리가 살아내야 할 날 중 믿음 지키기 가장 좋은 날은 바로 지금입니다.

오늘 하루 동안 수많은 변수와 어려움이 생기기 때문에 '오늘'이 아닌 바로 '지금'이 내 평생 믿음 지키기 가장 좋은 때입니다. 지금 믿음을 준비해야 오늘을 감당할 수 있고, 오늘 믿음을 준비해야 내일을 감당할 수 있는 시대를 우리는 살고 있습니다.

누가 어떻게 하여도 너희가 미혹되지 말라 먼저 배교하는 일이 있고 저 불법의 사람 곧 멸망의 아들이 나타나기 전에는 그 날이 이르지 아니하리니 (살후2:3)

사도바울은 왜곡된 종말론으로 인해 방탕한 삶을 살고 있는 데살로니가 교회 성도들에게 주님의 재림 전에 있을 일들에 대해 말씀하고 있습니다. 주님의 재림 전 나타나는 현상 중 하나는 '배교'입니다.

배교의 모습은 크게 두 가지입니다. 마태복음의 말씀처럼 교회를 향한 환난과 핍박으로 믿음을 저버리는 사람이 생길 것이고, 거짓 선지자들로 인해 미혹된 교회와 성도들이 배교할 것입니다.

그가 모든 자 곧 작은 자나 큰 자나 부자가 가난한 자나 자유인이나 종들에게 그 오른손에나 이마에 표를 받게 하고 누구든지 이 표를 가진 자 외에는 매매를 못하게 하니 이 표는 곧 짐승의 이름이나 그 이름의 수라 (계13:16-17)

우리가 앞으로 살아내야 할 시대는 환난과 핍박입니다. 주님 다시 오실 때까지 진짜 교회와 성도를 향한 핍박은 점점 거세질 것이고 환난을 통해 알곡과 가라지는 극명하게 나뉘게 됩니다. 요한계시록은 앞으로 짐승의 표가 등장하고 표를 받지 않은 사람은 매매 할 수 없다고 말씀하고 있습니다.

매매를 하지 못한다는 것은 먹고, 마시고, 입는 이 땅의 필요가 제한받는 것을 의미합니다. 영혼의 때의 나의 영적인 신세를 생각하고, 예수를 믿는 이유와 목적을 분명히 하는 자만이 생명을 걸고 믿음을 지킬 수 있습니다. 마지막 때는 자신을 부인하고 끝까지 주님을 따르는 사람만 감당할 수 있습니다.

그러나 끝까지 견디는 자는 구원을 얻으리라 (마24:13)

노아의 때와 같이 인자의 임함도 그러하리라 (마24:37)

...방주에서 물로 말미암아 구원을 얻은 자가 몇 명뿐이니 겨우 여덟 명이라 (벧전3:20)

인자가 올 때에 세상에서 믿음을 보겠느냐 하시니라 (눅18:8)

그런데 성경은 끝까지 믿음을 지키는 자가 적다고 말씀하고 있습니다. 성경은 예수님의 재림 때는 노아의 때와 같다고 하셨는데 노아의 때는 홍수에서 겨우 8명만 구원받았습니다. 예수님은 자신의 재림 때 세상에서 믿음 있는 자를 보겠느냐 말씀하시며 우리에게 끝까지 견디며 믿음을 지키라고 말씀하고 계십니다.

이러므로 너희는 장차 올 이 모든 일을 능히 피하고 인자 앞에 서도록 항상 기도하며 깨어 있으라 하시니라 (눅21:36)

앞으로 우리의 신념과 열정으로는 감당할 수 없는 시대가 도래합니다. 그래서 우리에게 성령 충만이 필요합니다. 세상을 역행하고 육신의 요구를 초월할 수 있는 능력은 바로 성령 충만입니다. 아무리 생각하고 고민하고 성경을 읽어봐도 성령 충만 밖에는 답이 없습니다. 성령으로 충만하지 않다면 우리는 시대를 분별하고 세대를 감당할 수 없습니다.

그래서 예수님은 마지막 때를 살아갈 성도에게 기도하라고 말씀하셨습니다. 기도해서 성령 충만 받으면 끝까지 믿음을 지킬 수 있는 것입니다.

신념에서 믿음으로

다니엘이 이 조서에 왕의 도장이 찍힌 것을 알고도 자기 집에 돌아가서는 윗방에 올라가 예루살렘으로 향한 창문을 열고 전에 하던 대로 하루 세 번씩 무릎을 꿇고 기도하며 그의 하나님께 감사하였더라 (단6:10)

다니엘은 죽음의 위기에도 담대했습니다. 죽음의 위기 앞에도 다니엘이 담대할 수 있었던 이유는 바로 '기도'였습니다. 다니엘은 위기가 닥치자 기도한 것이 아니었습니다. 다니엘은 '전에 하던 대로' 습관을 따라 기도했고 기도를 통해 받은 성령 충만으로 담대할 수 있었습니다.

…베드로에게 말씀하시되 너희가 나와 함께 한 시간도 이렇게 깨어 있을 수 없더냐 시험에 들지 않게 깨어 기도하라 마음에는 원이로되 육신이 약하도다 하시고 (마26:40-41)

베드로가 힘 있게 말하되 내가 주와 함께 죽을지언정 주를 부인하지 않겠나이다… (막14:31)

그가 저주하며 맹세하여 이르되 나는 그 사람을 알지 못하노라 하니 곧 닭이 울더라 (마26:74)

그러나 다니엘과 달리 베드로는 기도에 실패했습니다. 베드로는 기도에 실패하자 여종 앞에서 예수님을 저주하고 부인하며 모든 것을 잃어버렸습니다. 주를 부인하지 않겠다던 고백은 자신의 신념이었지 믿음이 아니었습니다. 그러나 기도를 통해 오순절 성령 충만을 받은 베드로는 마침내 죽기까지 예수님을 따르며 자신을 부인했습니다. 기도에 성공하자 영원한 것을 얻게 된 것입니다.

우리는 오직 기도를 통해 믿음을 지킬 수 있습니다. 앞으로 세상에 닥칠 심판과 난리로 인해 성경은 사람들이 두려워서 기절한다고 말씀하고 있습니다. (눅21:26) 기도하지 않으면 신념과 의지로는 절대로 감당하지 못하는 시대가 우리를 기다리고 있습니다. 오직 기도하여 성령이 나를 장악하실 때 인간적인 신념이 아닌 내 안에 계신 예수 그리스도의 믿음으로 세상에서 승리할 수 있습니다.

...예수로 말미암아 난 믿음이... (행3:16)

저는 순교에 대한 꿈을 두 번 꾸었습니다. 첫 번째는 예수 믿고 얼마 되지 않았던 10대 때 꾼 꿈이었습니다. 꿈속의 내용은 이랬습니다. 교회에서 예배를 드리고 있는데 담임목사님께서 교회를 대표해서 순교할 사람이 필요하다고 말씀하셨습니다. 저는 학생부를 대표해서 손을 들었고 교회 어른들과 함께 순교 장소로 끌려갔습니다. 꿈속에서 저는 순교하시는 교회 집사님들을 바라보며 두려운 마음에 예수를 부인하고 울면서 집으로 도망쳐 왔습니다. 그 순간 눈이 번쩍 뜨이며 꿈에서 깼습니다. 안도와 동시에 두려운 마음이 들었습니다. 예수님을 믿는다고 최선을 다해 교회 활동을 했는데 제 믿음이 가짜인 것을 깨닫게 되었습니다.

꿈이어서 정말 다행이지, 만약 꿈속의 내용이 현실이었다면 저는 영원한 지옥에 갈 것이 불 보듯 뻔했습니다. 저는 두려움과 충격으로 한동안 잠을 이루지 못했습니다.

나더러 주여 주여 하는 자마다 다 천국에 들어갈 것이 아니요 다만 하늘에 계신 내 아버지의 뜻대로 행하는 자라야 들어가리라 (마 7:21)

시간이 흘렀습니다. 순교에 대한 두 번째 꿈을 꾸었습니다. 꿈속에서 저는 예수를 믿는 믿음 때문에 고문을 받고 있었고 눈물을 흘리며 주님께 신앙고백을 하고 있었습니다.

"주님 감사합니다. 죽기까지 나를 사랑하신 주님의 사랑이 이제야 조금 더 깨달아집니다. 끝까지 믿음을 지킬 수 있도록 도와주셔서 감사합니다."

꿈이었지만, 나를 사랑하시되 십자가에서 죽기까지 사랑하신 주님의 사랑이 순교의 현장 가운데 더욱 마음 깊이 부어졌습니다. 죽는 그 순간에도 저는 주님의 사랑에 감격하며 비록 육체는 고통스러웠지만 기쁘게 주님을 위한 죽음을 받아들일 수 있었습니다.

그리스도의 사랑이 우리를 강권하시는도다 (고후5:14)

비록 꿈이었지만 그때의 기억은 지금도 제게 큰 교훈으로 남아 있습니다. 베드로가 기도에 실패하자 주님을 부인했던 것처럼, 저도 기도하지 않고 성령 충만하지 않을 때 꿈에서 조차 주님을 부인했습니다. 하지만 베드로가 기도를 통해 성령 충만하여 담대히 자신을 부인한 것처럼, 저도 기도하여 성령 충만 받으니 꿈속에서도 나를 부인하고 죽기까지 주를 따를 수 있었습니다.

앞으로의 시대는 우리에게 순교의 믿음을 요구합니다. 오늘 기도를 통해 나를 부인하고 십자가를 지고 주를 따르는 성도만이 결정적인 순간 믿음을 지킬 수 있습니다.

이런 일이 되기를 시작하거든 일어나 머리를 들라 너희 속량이 가까웠느니라 하시더라 (눅21:28)

하나님 나라가 가까이 왔습니다. 우리는 지금 영적인 잠에서 깨어나야 합니다. 영적인 잠에서 깨어나 시대를 분별하고 세대를 감당할 믿음을 준비하는 방법은 오직 기도입니다. 수많은 행사와 프로그램, 인간적인 열정이 믿음을 보장해주지 않습니다. 오직 기도를 통해 성령 충만 받을 수 있고 성령으로 인도받은 매일의 승리를 통해 우리는 영원한 성공을 얻을 수 있습니다. 이것이 믿음이며 마지막 때를 살아가고 있는 성도가 당연히 갖추고 지향해야 하는 신앙의 모습입니다.

세상에서 가장 지혜로운 사람은 죽음을 염두에 두고 사는 사람입니다. 영원한 것을 위해 오늘을 사는 사람은 실수하지 않습니다. 길을 잃지도 방황하지도 않습니다. 왜냐하면, 내가 가야 할 목적지가(천국) 어디인지 분명히 알기 때문입니다. 영혼의 때의 영원한 영광을 위하여 오늘 기도하시길 바랍니다. 세상에서 가장 지혜로운 사람은 기도하는 사람입니다.

나가는 말

내 집은 만민이 기도하는 집이라... (막11:17)

예수님은 교회의 정체성을 '기도하는 집'이라고 말씀하셨습니다. 기도라는 수단을 통해 하늘에서 이루어진 뜻이 교회에 이루어지며, 하나님의 통치를 받는 교회를 통해 이 땅에 하나님의 나라가 확장되고 회복되는 것이 교회를 향한 주님의 뜻이고 우리의 사명입니다.

시몬 베드로가 대답하여 이르되 주는 그리스도시오 살아 계신 하나님의 아들이시니이다 예수께서 대답하여 이르시되 바요나 시몬아 네가 복이 있도다 이를 네게 알게 한 이는 혈육이 아니요 하늘에 계신 내 아버지시니라 또 내가 네게 이르노니 너는 베드로라 내가 이 반석 위에 내 교회를 세우리니 음부의 권세가 이기지 못하리라 내가 천국 열쇠를 네게 주리니 네가 땅에서 무엇이든지 매면 하늘에서도 매일 것이요 네가 땅에서 무엇이든지 풀면 하늘에서도 풀리라라 (마 16:16-19)

예수님은 음부의 권세가 교회를 이기지 못한다고 말씀하셨습니다. 그리고 영의 세계를 매고 푸는 권세를 교회에게 주셨습니다. 여기서 음부의 권세란 'the gates of hell'로 지옥의 문들이란 뜻입니다. 교회를 통해 하나님의 나라가 확장되고 세워지지 못하도록 악한 사단의 세력들이 세상에서 지옥의 문을 걸어 잠그고 열어주지 않는다는 것입니다.

그러나 지옥의 문을 열고 닫는 권세를 주님이 교회에게 주셨습니다. 예수님은 성령의 감동으로 예수님 당신이 누구인지 아는 베드로의 고백 위에 교회를 세우셨습니다. 즉 성령의 감동으로 말미암아 예수께서 누구인지 아는 자들의 모임이 바로 교회입니다. 성령으로 운행되는 교회만이 음부의 권세가 이기지 못하고 성령으로 인도받는 교회를 통해 음부의 권세가 무너지고 하나님의 나라가 세워질 수 있습니다.

그러므로 내가 너희에게 알리노니 하나님의 영으로 말하는 자는 누구든지 예수를 저주할 자라 하지 아니하고 또 성령으로 아니하고는 누구든지 예수를 주시라 할 수 없느니라 (고전12:3)

교회는 기도를 통해 성령 충만 받은 성도를 세상에 파송해야 합니다. 성도는 믿음의 순종을 통해 세상 가운데 걸어 잠긴 음부의 권세를 무너뜨리고 하나님의 나라(하나님의 통치, 주권, 다스림)를 회복해야 합니다. 하나님의 나라가 교회의 사명이며 우리를 교회로 부르신 주님의 뜻입니다.

그러나 안타까운 것은 작금의 대한민국의 현실을 볼 때 사회는 분열과 갈등으로 혼란스럽고 교회는 오히려 세속화되어 본질로서의 부르심을 감당하지 못하고 있습니다. 이는 기도하는 집이라는 교회의 부르심과 정체성을 잃어버렸기 때문입니다. 수많은 이유가 있겠지만 가장 본질적인 이유는 교회가 깨어서 기도하지 않기 때문입니다.

주님이 가르쳐 주신 기도를 통해 교회가 회복될 때 나라가 회복될 수 있습니다. 우리를 교회로 부르신 주님의 뜻을 이 땅에 이룰 수 있는 유일한 방법은 오직 기도입니다. 인간적인 열심과 노력으로 교회가 회복되는 것이 아닙니다. 만군의 여호와의 열심이 교회를 회복 하시고 이 땅에 하나님의 나라를 세워 가시는 것입니다.

내 이름으로 일컫는 내 백성이 그들의 악한 길에서 떠나 스스로 낮추고 기도하여 내 얼굴을 찾으면 내가 하늘에서 듣고 그들의 죄를 사하고 그들의 땅을 고칠지라 (대하7:14)

단지 먹고 마시는 것을 넘어, 거시적인 관점으로 기도를 이해하고 하나님의 뜻이 이 땅에 이루어지기 위해 중보 하는 자녀들이 일어나야 합니다. 하나님은 그 한 사람을 찾고 계십니다.

하나님의 마음을 알고 성 무너진 곳을 막아서서 울며 중보하는 한 사람, 그 한 교회를 주님은 지금 찾고 계십니다. 그 한 사람 한 사람이 모여 주님의 뜻을 이루는 교회가 되고, 주님의 뜻이 이루어진 교회들의 연합과 기도, 순종을 통해 이 땅이 회복될 것입니다. 그 한 사람이 나와 당신이 되길 주님의 이름으로 기도합니다.

여호와의 눈은 온 땅을 두루 감찰하사 전심으로 자기에게 향하는 자들을 위하여 능력을 베푸시나니... (대하16:9)